Siegfried Woitinas

Wer sind die
Indigo-Kinder?

Herausforderungen einer neuen Zeit

Siegfried Woitinas

Wer sind die
Indigo-Kinder?
Herausforderungen einer neuen Zeit

Wer sie sind,
woher sie kommen,
was sie von uns fordern

Verlag Urachhaus

ISBN 10: 3-8251-7316-X
ISBN 13: 978-3-8251-7316-6

7. Auflage 2006 Verlag Urachhaus
www.urachhaus.com

© 2002 Verlag Freies Geistesleben & Urachhaus GmbH, Stuttgart
Umschlagfoto: © Corbis Stock Market
Umschlaggestaltung: U. Weismann
Gesamtherstellung: AALEXX Druck GmbH, Großburgwedel

Inhalt

1. Vorwort

Nicht alle schwierigen Kinder sind Indigo-Kinder –
und nicht alle Indigo-Kinder sind schwierig.

Hoch begabt, verhaltensauffällig, hyperaktiv, aufmerksam-keitsgestört, das sind einige Begriffe, mit denen eine immer größer werdende Zahl von Kindern bezeichnet wird, die den normalen Verhaltens- und Entwicklungsvorstellungen nicht mehr entspricht.

Das vorliegende Buch möchte im Zusammenhang mit bereits vorliegenden Veröffentlichungen zu diesem Thema ein spezieller Beitrag aus geisteswissenschaftlicher Sicht sein, um einige besondere Phänomene verständlich zu machen, die bei einer großen Zahl von Kindern heute beobachtet werden. Es könnte auch eine gewisse Einsicht in den großen menschheitlichen Bewusstseinswandel ermöglichen, zu dem bereits eine unübersehbare Anzahl von Menschen beiträgt, die in den fünfziger und sechziger Jahren des 20. Jahrhunderts geboren wurden. Sie sind quasi als Einzelkämpfer trotz aller Widerstände auf verschiedenen Lebensgebieten mit ihren anders gearteten geistigen Begabungen tätig. Da gerade sie schon auf eigene vergleichbare Kindheitserfahrungen und die durchlebten Probleme zurückschauen können, spielen sie mit ihrem selbst gewonnenen Verständnis eine wichtige Rolle.

Eine Grundlage dieser Darstellungen bieten die von Rudolf Steiner gewonnenen geisteswissenschaftlichen Erkenntnisse über die fortschreitende Bewusstseinsentwicklung des Menschen und seinen Zusammenhang mit dem Kosmos. Dazu kommen eigene meditativ gewonnene Erfahrungen sowie Einsichten, die sich mir durch den Austausch mit den genannten Menschen ergeben haben, die heute selbst aus spiritueller Sicht als Therapeuten, Pädagogen, Psychologen und Heiler tätig sind oder als Eltern im praktischen Umgang mit diesen Kindern stehen. Wer sich mit ihnen beschäftigt, nimmt an einem Prozess teil, in dem stetig neue Einsichten gewonnen und auch veröffentlicht werden. Insofern, meine ich, stehen wir am Anfang weiterer, tiefergehender Erkenntnisse.

Die Ausführungen dieses Buches beruhen auf zwei öffentlichen Vorträgen, die 2001 in Stuttgart gehalten wurden. Daher ist der Charakter der freien Rede im Wesentlichen beibehalten worden. Die Ausführungen sind durch spätere Einsichten ergänzt worden, die sich in der folgenden Zeit durch viele Gruppen- und Einzelgespräche ergeben haben; dazu gehören auch einige neuere Forschungsergebnisse, die auf eine signifikante Veränderung physiologischer Strukturen bis in den neuronalen Bereich hinweisen.

Die Erfahrung, dass rein geistig-seelische Kräfte und Eigenschaften einer ›autonomen geistigen Entität‹, welche die Entwicklung des Menschen zwischen Erbanlagen und Umweltwirkungen mitgestalten, noch immer von einem Großteil der Zeitgenossen geleugnet bzw. noch immer nicht ausreichend zur Kenntnis genommen werden, ändert nichts an der Tatsache ihrer Existenz. Dieses Leugnen spielt jedoch bei der Beurteilung und der therapeutischen Behandlung nach meiner Beobachtung für das Verständnis der Kinder und den Umgang mit ihnen eine große Rolle mit gravierenden Folgen, die ich persönlich als sehr schmerzlich empfinde. Die hier vorgebrachten geisteswissenschaftlichen Aspekte können helfen, auch die verborgene Dimension des menschlichen Bewusstseins und den Zusammenhang mit den körperlichen Entwicklungsprozessen mit in den Blick zu fassen und zu verstehen, was Kinder selbst erzählen.

Schaut man auf die äußeren Phänomene, so scheinen diese

widersprüchlich zu sein. Einerseits kann im Psychotest häufig ein außergewöhnlich hoher Intelligenzquotient ermittelt, andererseits eine partielle Dysfunktion auf zerebraler Ebene gemessen werden. Wie erklärt sich dieser Widerspruch? Ist es die Fülle der nicht überschaubaren Umwelteinflüsse? Sind dies eventuell Auswirkungen eines zunächst nicht sinnlich erfassbaren, aber stärker wirkenden autonomen Geistig-Seelischen, das heute in einer ungewöhnlichen Art bei vielen Kindern das Gehirn anders strukturiert?

Verfolgt man dann im Gespräch den Weg dieser Kinder zurück bis zur Geburt oder gar bis zur Empfängnis, berichten einige Frauen von ungewöhnlichen Erfahrungen und Erlebnissen bei der Empfängnis selbst: »Ich wusste sofort, da kommt etwas Besonderes auf mich zu.« Die Mutter des argentinischen Jungen Flavio beschreibt diese Erfahrung: »Es war wie eine Explosion von Licht, die mich überschwemmte.« Nicht nur solche Erlebnisse bei der Empfängnis oder ungewöhnliche Umstände während der Schwangerschaft können Hinweise auf den besonderen Charakter der Kinder enthalten: Häufig öffnen solche Kinder schon unmittelbar nach der Geburt ihre Augen und versuchen, die Umgebung gezielt zu erfassen. In der Regel geschieht das erst nach einigen Wochen. Nimmt die Mutter dann das Kind zum ersten Mal entgegen, kann bei ihr die Frage entstehen: Bin ich diesem Kind überhaupt gewachsen?

Eine Mutter erzählte mir, dass sie, als sie zum ersten Mal ihr Kind in den Arm nahm, von einem so klaren, starken und selbstbewussten Blick getroffen wurde, dass sie das Gefühl hatte: Ich muss eigentlich »Sie« zu ihm sagen! Durch solche Erfahrungen kann zumindest ein Empfinden dafür geweckt werden, dass sich mit der physischen Erscheinung des Kindes auch die geistige Dimension bemerkbar machen möchte.

Während der letzten Jahrzehnte meiner öffentlichen Lehrtätigkeit zur Vermittlung der grundlegenden Erkenntnisse über das geistige Wesen des Menschen, wie es sich aus der anthroposophischen Forschung ergibt, habe ich mit besonderer Aufmerksamkeit auch immer die reale Entwicklung des Bewusstseins der Menschen im Blick gehabt [Anhang 1]. Dabei konnte ich im Laufe der Zeit bei einer rasch wachsenden Zahl von Menschen das Auftreten geistig-seelischer Fähigkeiten und Erfahrungen durch ganz individuelle Entwicklungsprozesse beobachten, welche die Grenzen des ›Normalen‹ überschritten.

Durch die öffentliche Vortrags- und Seminartätigkeit ergab sich eine vielfältige Gesprächsarbeit zur geisteswissenschaftlichen Vertiefung dieser genannten Erfahrungen mit einer speziellen kleinen Forschungsgruppe.

Aus diesem Arbeitsumfeld wurde mein Blick auch immer häufiger auf jene besonderen Kinder gelenkt, um die es sich in diesem Buche handelt. In vielen Gesprächen erlebte ich die ganze Vielfalt dieser neuen Kindergeneration, aber auch oft die ratlosen, zum Teil verzweifelten Mütter und Erzieher, die sich einer zunächst ungewohnten Herausforderung gegenübergestellt sahen. Wenn Eltern die besonderen Eigenschaften dieser Kinder schildern, kommt ihnen sogar oft der Vorwurf entgegen, sie seien stolz auf sie. Sie entgegnen dann ziemlich empört: »Aber nein, im Gegenteil, wir sind ja mit einem solchen Kind geschlagen!«

In der Regel werden für diese ›neuen Kinder‹ mit ihren besonderen, die normalen Vorstellungen sprengenden Eigenschaften, die vor allem in wachsender Anzahl seit den achtziger Jahren geboren wurden, nur einige pauschale Begriffe verwendet: »hoch begabt«, für andere »verhaltensauffällig« oder gar »verhaltensgestört«. Die Begriffe »Aufmerksamkeits-Defizit-Syndrom« (ADS) oder »Aufmerksamkeits-Defizit-Hyperaktivitäts-Syndrom« (ADHS) begünstigen zumindest eine schnelle, symptomorientierte therapeutische bzw. medikamentöse Behandlung.

Aber werden damit die wirklichen Ursachen und das anders geartete geistige Wesen dieser Kinder erfasst? Beziehungsweise, sind deren auffällige Verhaltensweisen und die im fortgeschrittenen Entwicklungsstadium tatsächlich feststellbaren neuronalen Defizite nicht vielleicht die *Folge* eines ungenügenden und einseitigen Verständnisses, welches durch ein rein biologisches Menschenbild geprägt ist und dadurch auch zu einer falschen Behandlung durch den Erwachsenen führen muss?

Mit all den hier genannten Erfahrungen, Problemen und Fragen sah ich mich konfrontiert und möchte daher vor allem, wenn auch nur beispielhaft, von dem ausgehen, was in solchen Kindern lebt, was sie selbst erzählen und was dann ihr äußeres Verhalten vielleicht auch verständlich machen kann. Dabei möchte ich in der Folge auch einbeziehen, was von anderen Autoren schon als umfangreiches Erfahrungsmaterial aus der Arbeit mit diesen Kindern zusammengetragen und veröffentlicht wurde. Es enthält viele hilfreiche Erkenntnisse für das Verständnis und für den Umgang mit ihnen.

2. Einleitung

Ich

Was sind das also für Kinder? Sie sagen mit eineinhalb Jahren bereits »Ich«, können schon mit zwei Jahren sprechen, mit drei Jahren sitzen sie am Computer, gründen mit vier Jahren eine eigene Band, mischen sich in die Gespräche der Erwachsenen ein und sagen ihnen, was sie zu tun haben. Sie haben ein verblüffend hohes Selbstbewusstsein und sagen zum Beispiel von anderen Kindern: »Die wissen nicht, wer ich bin!«

Häufig erinnern sie sich spontan an frühere Leben oder sprechen mit ihrem Engel. Viele zeigen eine einseitige, extreme Begabung: intellektuell, technisch, künstlerisch, manchmal auch sozial. Bei Untersuchungen weisen sie einen überdurchschnittlich hohen Intelligenzquotienten um 130 auf.

Generell haben sie nicht nur einen hohen Durchsetzungswillen, sondern auch eine erstaunliche Sensibilität für seelische Vorgänge ihrer Umgebung, vor allem der Erwachsenen: ihrer Eltern, Erzieher und Lehrer. Jede Unwahrhaftigkeit und Nicht-Identität wird wahrgenommen und führt unweigerlich zu entsprechenden Reaktionen von trotziger Verschlossenheit bis zu zerstörerischer Wut.

Sie wollen mit ihrem hohen Selbstwertgefühl wie erwachsene, vollwertige Persönlichkeiten geachtet und behandelt werden.

Man findet bei diesen Kindern mit den verschiedensten Eigenschaften merkwürdige Widersprüchlichkeiten. So zeigen die einen tiefes Mitgefühl mit allen Lebewesen und starke Reaktionen auf Grausamkeit und Ungerechtigkeit.

Bei anderen trifft man auf erstaunliche Weisheit oder eine seltsame Nüchternheit, ja manchmal Gefühllosigkeit.

Doch alle diese Kinder müssen sich erst zu wirklich sozial fähigen Wesen entwickeln! Hier liegt die eigentliche Problematik. Denn dazu brauchen sie die entsprechend fantasievolle, viel Geduld erfordernde, einfühlsame Hilfe der Erwachsenen, ja sie fordern die dafür nötige volle Persönlichkeitskraft ihrer Mitmenschen geradezu heraus, fordern Verständnis, viel Liebe und vor allem konsequentes Handeln, um sich selbst in ihren eigenen Möglichkeiten und Grenzen handhaben zu lernen.

Dabei ist Hyperaktivität oder ihre schnell wechselnde Aufmerksamkeit nur eine von vielen extremen Verhaltensweisen, wodurch nicht nur das sozial verträgliche Zusammenleben mit Erwachsenen, sondern auch mit Altersgenossen beeinträchtigt wird und die Grenzen zum Krankhaften verwischt werden.

Gemeinsam scheint vielen jedoch ein frühes und starkes Selbstwertgefühl zu sein: Der amerikanische Pädagoge Robert Ocker bat eine Gruppe von Schulkindern, ein wichtiges Ereignis aus ihrem Leben aufzuschreiben. Beim Austausch darüber stand ein Achtklässler selbstsicher auf und fragte die Gruppe: »Wisst ihr, was das wichtigste Erlebnis der letzten hundert Jahre war?« Als die anderen verneinten, sagte er treuherzig: »Ich!«

Wer sind nun diese Kinder mit ihren ungewöhnlichen, zum Teil spirituellen Begabungen? Die amerikanische Psychologin Nancy Ann Tappe besitzt die Fähigkeit, die Eigenschaften und Lebensäußerungen der Menschen als farbige Ausstrahlung zu sehen.[1] Als zu Beginn der achtziger Jahre immer mehr ratlose Eltern mit ihren schwierigen Kindern wegen deren außergewöhnlichen Eigenschaften in ihre Praxis kamen, bemerkte sie neben anderen Farbnuancen in zunehmendem Maße die vorherrschende Farbe des Indigo-Blau. Damit war ein Name für eine bestimmte Art von Kindern gefunden, die offensichtlich neue Impulse, neue Eigenschaften und Verhaltensweisen in unsere technisch geprägte Zivilisation hereinbringen: *Indigo-Kinder*.

Seitdem ist es das Anliegen zahlreicher Pädagogen, Psychologen und Ärzte, das Phänomen dieser Kinder auch aus einer spirituellen Sicht zu verstehen. Ihr Blick ist dabei nicht nur auf die Aufgabe gerichtet, wie man mit ihnen umgehen und ihnen helfen kann, sondern auch auf die Frage, aus welcher kosmischen Dimension sie kommen und welche Erfahrungen diese Seelen aus früheren Leben mit auf die Erde bringen.

Das Spannende dabei ist, dass viele der zusammengetragenen Erfahrungen seit längerer Zeit auch mit vielen anderen Kindern, wenn auch nicht so extrem, gemacht werden können. Einige von ihnen sind bereits in einem Alter, selbst über ihre eigenen Lebenserfahrungen berichten zu können.

Auf der Suche nach Erklärungen für das Besondere dieser Kinder stellt sich aus der Sicht der transpersonalen Psychologie, welche das Reinkarnationsverständnis mit einschließt, zum Beispiel die Frage, ob es sich hier um ›junge oder alte Seelen‹ handelt, bzw. aus welcher planetarischen Sphäre sie bestimmte Impulse mitbringen. – Damit sind wir mit einer Fülle weiterer existenzieller Probleme und Fragen konfrontiert.

Alle diese Kinder finden nun im neuen Jahrtausend eine weltgeschichtliche Umbruchsituation vor, in die sie sich mit ihren zum Teil spirituellen und individualistischen Anlagen hineinfinden müssen. Diese Zivilisation ist ebenfalls von einer hohen Ich-Bezogenheit geprägt, aber in einer anders gearteten, sehr äußerlichen Weise.

Wie kommen sie nun mit der materialistisch dominierten Massenkultur zurecht? Sie treffen auf ein Erziehungssystem und eine Zivilisation, in der sie noch alte hierarchische Strukturen als starke Hindernisse für ihre individuelle Ent-

wicklung erleben und zugleich den verführerischen Inspirationen ausgesetzt sind, welche eine Kultur der Zukunft in
›Hightech-Verpackung‹ präsentieren.

Welche Rolle werden sie in diesem Drama des gegenwärtigen bewusstseinsmäßigen und sozialen Wandels der
Menschheit spielen, und wie viel hängt dabei von uns Erwachsenen ab, dass alle Kinder in diesem neuen Jahrtausend
ihre mitgebrachte Aufgabe be- und ergreifen können?

3. Wie einige Kinder die Welt erleben

Die Eltern müssen gar nichts machen,
sie müssen nur zulassen,
dass die Kinder sie verwandeln.

Elfi

Zunächst möchte ich auf einige Kinder hinschauen, an denen besondere Erlebnis- und Verhaltensweisen zu beobachten sind und die, wenn auch individuell verschieden, für einen bestimmten Typus von Kindern charakteristisch sind.

Im Gespräch mit der Mutter eines achtjährigen Mädchens schildert diese ihre Tochter als ein ganz liebes Mädchen, gleichzeitig von frühester Kindheit an außerordentlich selbstbewusst. »Der Umgang mit ihr ist nicht immer einfach. Sie stellt viele Fragen, die ich nicht beantworten kann. Und wenn sie etwas tun soll, muss ich immer erklären, warum und muss alles mit ihr besprechen; denn sie möchte bei allem mitentscheiden. Sie ist künstlerisch sehr begabt, malt viel und hat eine große Liebe zu Tieren und Pflanzen. Aber in der Schule wird es immer schwieriger, weil sie Probleme mit einigen Lehrern hat. Diese würden oft nicht die Wahrheit sagen. Und das empört sie. Auch mit den gleichaltrigen Kindern kann sie sich schlecht verständigen, weil sie sich mit ihnen nicht über das unterhalten kann, was sie selbst erlebt, denn sie empfindet in den Pflanzen und Bäumen ein lebendiges Herz. Sie lebt und leidet mit den kleinsten Tieren, Schmetterlingen, Bienen, rettet sie und schreibt Geschichten darüber.«[2]

Als ich dann Elfi[3] als ein ganz zartes, blondes und helläugiges Mädchen kennen lernte, erlebte ich sie in ihrer äußeren Erscheinung eher sanft und zurückhaltend, dennoch sehr entschieden und mit einer den ganzen Raum umfassenden Aufmerksamkeit. Im Gespräch mit ihr erzählt sie mir dann von ihrem Engel, der sie immer begleitet: »Manchmal sehe ich ihn, aber ich fühle, er ist immer bei mir.« – »Hast du ihn schon mal gemalt?« – »Ja, das ist gar nicht schwer. Er sagt mir viel, auch schon als ich ganz klein war. Ich sehe ihn, aber nur, wenn der Engel es will. Manchmal sehe ich auch die Engel von anderen Kindern.« – »Woher weißt du, dass es *dein* Engel ist?« – »Ja, einmal wollte ich wissen, ob er das ist, und dachte: Das kann nicht mein Engel sein. Dann war er weg. Denn wenn man nicht an ihn glaubt, dann geht er weg! Man sieht ihn nicht mehr, aber man weiß trotzdem, dass er da ist. – Einmal habe ich ihn gebeten, dass er eine ›schwarze Seele‹, die mich bedrängte, ins Licht begleiten soll. Das tat er, doch dann war er auch weg. Aber ein anderer Engel hat dann auf mich aufgepasst, bis mein eigener wieder kam.«

Wahrhaftigkeitssinn und Identitätserwartung

Da sie nicht getauft wurde, besucht sie freiwillig den Religionsunterricht. »Man muss über alles, was man erlebt, mit anderen Menschen sprechen, sonst vergisst man das!«

Durch diesen unmittelbaren und recht lebhaften Umgang mit Wesen einer unsichtbaren Welt wird auch ihr Interesse für den Religionsunterricht verständlich. Aber gerade da entstanden besondere Schwierigkeiten mit der Lehrerin. Sie ist enttäuscht, dass nicht wirklich über Gott gesprochen wird, denn, sagt sie: »Gott ist in Wirklichkeit ganz groß, wenn man ihn aber vorstellt und malen soll, wird er ganz klein.« Eines Tages kommt sie empört über die Lehrerin aus der Schule, weil sie lernen musste: »»Du sollst

Vater und Mutter ehren.‹ – Das ist ganz ungerecht«, sagt sie, »die Eltern müssen auch die Kinder ehren!« Auf meine Frage: »Warum?« erwidert sie: »Ja, die Kinder sind viel frischer aus dem Himmel, und sie wissen viel mehr, was in der Zeit auf der Erde passieren soll. Deswegen müssen die Eltern die Kinder ehren, damit die Kinder ihnen sagen, was eigentlich richtig ist. Und sie müssen den Kindern zuhören, weil sie ja viel frischer aus dem Himmel kommen.«

Eines Tages rief Elfi ihre Mutter an ihr Bett und sagte ganz unvermittelt: Sie wisse jetzt, was die Seele ist, nämlich das, »was man von Mama und Papa nicht geerbt hat«.

Frage: »Warum gehst du in den Religionsunterricht?« – »Weil ich noch mehr von Menschen hören will, was sie von Gott wissen.« – »Wie kann man mit Gott sprechen?« Elfi: »Durch Gedanken, man hat einfach Gedanken, und die Engel sprechen dann mit Gott.« – »Warum ist das mit der Religionslehrerin schwierig?« – »Es ist eigentlich ganz schlimm, wenn die Lehrerin etwas sagt, was gar nicht stimmt.« – »Was heißt denn das, dass etwas nicht stimmt?« – »Ja, das hat sie nur auswendig gelernt. Ich habe gehofft, dass sie von Gott spricht, aber nicht von dem, was sie gelernt hat. Das ist ja dann nicht wahr, wenn sie etwas sagt, was sie nicht erlebt hat, wenn sie es sich nur so gedacht hat. Das sind manchmal ganz schlimme Sachen – auch wenn die anderen Lehrer etwas sagen, was nicht stimmt, dann steigen einem die Tränen in die Augen.«

An dieser Aussage kann empfunden werden, wodurch das Erlebnis der Unwahrhaftigkeit entsteht: nicht durch eine bewusste Lüge, sondern durch die sensible Wahrnehmung der Nicht-Übereinstimmung zwischen dem, was ein Mensch sagt, und dem, was er denkt und fühlt. Das zeigt ein hohes Wahrnehmungsvermögen für die Identität oder Nicht-Identität des erwachsenen Menschen. Es findet ein unmittelbares Zusammenschauen dessen, was er äußert, mit dem, was in ihm lebt, statt. Das ist eine charakteristische Eigenschaft dieser Kinder, die entsprechende Auswirkungen für ihre eigene Entwicklung und ihr Verhältnis zu dem Erwachsenen hat. Auf entsprechende Folgen, die sich als eine *dauerhafte* Irritation durch solche Erfahrungen bei Kindern bis in die Gehirnstruktur ergeben können, soll später noch eingegangen werden.

»Ich hab' dich ganz lange umkreist«

Eine weitere Erlebnisdimension zeigte sich in Folgendem: Die Mutter war vierzehn Jahre zuvor schon einmal verheiratet, und Elfi hatte immer wieder zu ihr gesagt: »Ich habe eigentlich einen anderen Vater, zu dem ich auf der Erde hinwollte.« Dazu die Mutter: »Ja, das stimmt. Ich war damals schon einmal schwanger, aber das hat nicht geklappt.« Hier lacht Elfi herzlich und sagt: »Das war ich!« Die Mutter: »Sie hat so lange gewartet, bis die Chance wiederkam.« – Elfi: »Ich hab' dich ganz lange umkreist.« Die Mutter: »Die Empfängnis fand eigentlich an einem ganz unmöglichen Zeitpunkt statt. Aber ich wusste ganz genau, was da geschehen ist.« (Lebhaftes Einverständnis zwischen beiden.) Elfi: »Ja, die Kinder wollen ja andere Menschen verändern und miteinander verbinden.« Mutter: »Elfi hat mich selbst ganz stark verwandelt. Ich war eher kopfbetont und als Ingenieurin ein sehr intellektueller Mensch in einem Männerberuf. Aber seit dieses Kind in mir herangereift ist, hat es mich verwandelt. Ich bin eigenartigerweise durch sie ein stark fühlender Mensch geworden. Sie hat mich geführt. Durch sie habe ich erst wirklich zu mir gefunden.« Elfi: »Ja, die Eltern müssen gar nichts machen. Sie müssen nur zulassen, dass die Kinder sie verwandeln.« Die Mutter: »Ja, sie hat mich wirklich geführt. Ich kann es gar nicht fassen, was aus mir wurde.

Es war mir z.B. auch ganz unmöglich, mir dieses Kind untertan zu machen. Nicht dass ich es als Mutter nicht versucht hätte. Aber gegen ihren starken Willen kamen auch andere nicht an. – Später ergab sich mir aus meinem sicheren Gefühl heraus, dass nicht ich dieses Kind erziehen sollte, sondern dass ich von diesem Kind lernen durfte und deshalb so vieles ganz anders sein muss. Ich habe vieles ganz intuitiv getan, und wir gehen beide auch ganz anders miteinander um als andere Menschen, ganz persönlich, wie zwei gleichwertige Partner, die sich verstehen. Ich habe auch immer nach dem Sinn des Lebens gefragt. Das war aber nur Gedanke. Dass es mir jetzt durch den ganzen Körper geht, bis in die Füße, das ist durch Elfi entstanden. Das ist eine ganz anders empfundene Erlebnisqualität.«

Durch das spirituelle Verständnis der Mutter und den Entschluss, Elfi den Besuch einer Waldorfschule zu ermöglichen, konnte sich ihre bildhafte Erlebnisart in einer harmonischen Weise weiterentwickeln, sodass sie heute mit einem ausgeprägten Sinn für künstlerische und soziale Vorgänge Teil der Klassengemeinschaft ist. – Auch zu ihrem ›ersten Vater‹ hat sie eine gute Beziehung aufgebaut.

Man kann hier bei diesem Mädchen eine Erlebnisdimension bemerken, die nicht nur inhaltlich weit über das hinausgeht, was dem Normalbewusstsein zugänglich ist, sondern welche immer wieder ein reflektiertes klares Wissen um gewisse geistige Gesetzmäßigkeiten aufleuchten lässt, unter deren Bedingungen die Erfahrungen gemacht werden. Allein daraus kann verständlich werden, auf welchem Untergrund sich auch ein so frühes Ich-Bewusstsein herausbildet, mit dem diese Kinder dann dem Erwachsenen entgegentreten und damit als ebenbürtige Partner ernst genommen werden wollen. Wird diese unbewusste Erwartung nicht erfüllt, entstehen Irritationen, die sich als Anlage zu Entwicklungsstörungen geltend machen können.

Auch die Erinnerung an Ereignisse, die weit vor der Geburt durchlebt wurden, die Art der bewussten Annäherung der Seele an die Eltern und das Wissen um mitgebrachte Verwandlungsimpulse für die Mutter, wie es hier beschrieben wird, kann bei vielen anderen Kindern dieses Typus und ihrem Einfluss auf die Eltern entdeckt werden.

Ein weit in den vorgeburtlichen Bereich zurückreichendes Erinnerungsvermögen trägt vermutlich auch dazu bei, dass solche Kinder sich wie in einem großen ›wissenden Zeitstrom‹ eingebettet fühlen und daraus ihre häufig unbeeindruckbare Sicherheit schöpfen, vor der der Erzieher wie vor einem Rätsel steht, wenn er seinen Blick nur auf das äußere kindliche Alter richtet. – Häufig aber stehen diese Erinnerungen nicht als deutliche Bilder, sondern mehr als Gefühlserinnerung im Hintergrund. Denn mit zunehmendem Alter verwandeln sich Bilderlebnisse im fortschreitenden Entwicklungsprozess in der Regel ohnehin in Gefühle und Fähigkeiten und treten in ihrem Bildcharakter zurück.

Als erwachsene Menschen können wir uns durch Meditation wieder bewusst in einen solchen umfassenden geistigen Strom hineinbegeben, dadurch eine größere Lebenssicherheit gewinnen und manchmal auch schlummernde Vergangenheitsbilder wieder ›erwecken‹. Diese Kinder bringen diese Fähigkeit bereits mit, beziehungsweise erhalten sie sich länger, zumindest in den ersten Lebensjahren. Das ist eine der neuen Eigenschaften bei ihnen.

Damit ist ein Beispiel genannt, in dem einige Elemente auftauchen, die wir auch bei vielen anderen Kindern, mitunter sehr abgeschwächt, finden und die uns das Verständnis für entsprechende Verhaltensweisen ermöglichen können.

Flavio

Als zweites Beispiel möchte ich einiges aus der Geschichte des argentinischen Jungen Flavio aufgreifen. Flavio, ein zarter, dunkelhaariger Junge mit einem außerordentlich wachen und prüfenden Blick, gehört zu jenen ›neuen Kindern‹, die in immer größerer Zahl weltweit seit dem Anfang der achtziger Jahre geboren wurden. Seine Eltern haben seit seinem zweiten Lebensjahr alles gesammelt, was er gesagt und gemalt hat. Vielen ist seine Geschichte durch das Buch bekannt, das er mit acht Jahren zusammengestellt hat.[4]

Geburt als Tod erlebt

Als Flavio sechs Jahre alt war, erzählte er im Gespräch mit seinen Eltern: »Ich erinnere mich besser an die Zeit vor meiner Geburt als an die ersten drei Jahre meines Lebens. Mein vorgeburtliches Leben überschaue ich aus allen Blickwinkeln. Meine Sicht hat keine Grenzen, da ich nicht mit physischen Augen sehe. Auf diesem Planeten, der so dicht ist, bin ich zum ersten Mal. Ich wurde schon vorbereitet auf anderen Planeten, wo ich das Körperliche üben konnte. Aber hier ist das ganz anders auf der Erde, sehr eigenartig. Ich habe einen physischen Körper, lebe in Zeit und Raum. Das ist hier eine Welt der Gegensätze. Ich erinnere mich an Hunderte von leuchtenden Kugeln, ehe ich auf der Erde geboren wurde. Denn alles Lebendige ist eine leuchtende Kugel. Und einige konnten mir behilflich sein, um mich auf diesem schwierigen Planeten zurechtzufinden. Zwei von diesen Kugeln waren sehr hell erleuchtet, und jetzt weiß ich, dass es die Farben Grün und Violett waren. Sie ziehen mich an, weil sie durch Liebe verbunden sind. Sie werden meine Eltern sein. Ich weiß, dass ich gehen muss, und fühle mich mehr und mehr zu ihnen hingezogen. Und dann kommt ein leuchtender Tunnel, rundum ist es finster. Als ich eintrete, fühle ich mich sehr beengt, sehr eingesperrt.«

Dann wählt er für sein Erlebnis einen Vergleich, der für das normale Denken als Paradoxon erscheinen muss: »Meine Geburt in diese Welt gleicht dem Tod der Menschen. Man begibt sich auf eine schwierige unbekannte Ebene. Der physische Werdegang meines Lebens beginnt damit, dass ich in meine Mutter eindringe. Ich suche ihren Geist auf, weil er der feinstofflichste Teil ist, den ich finden kann. Und von dort leite ich dann die Entwicklung meines Körpers ein. Nach der Geburt bleibe ich dann auch mit meiner Mutter verbunden, obwohl sich mein Körper schon von ihr getrennt hat.«

Seine Mutter erzählte später, sie habe die Welt in jener Zeit ganz eigenartig empfunden, wahrscheinlich deshalb, so Flavio, »weil ich versuchte, die Welt durch ihren Geist zu verstehen.« – Das erinnert an die Erzählung von Elfis Mutter, die sich bereits während der Schwangerschaft ganz eigenartig verwandelt fühlte.

Flavio schildert auch noch das Verhältnis zu seinem älteren Bruder Marcus: »Marcus ist eine sehr feine Seele, schon sehr alt auf diesem Planeten. Er hat marsische Energie und kam hierher, um mit der Farbe Rot umzugehen. Wir sind beide ein Seelengespann. Marcus wurde vor mir geboren, um mit seiner Kraft den Weg zu ebnen.« Flavio beschreibt dann den Zustand, als er älter wurde und als sein Verstand zu arbeiten begann: »Da wurde mein Leben hier sehr schwierig. Mein Körper und vor allem das Essen machten mir großen Kummer. Das Essen ermöglicht einem auf sehr indirekte Weise, die nötige Kraft zu schöpfen. Ich konnte mich nicht daran gewöhnen. Tagsüber war ich müde, nachts besuchte ich andere Planeten, während des Schlafes betätigte ich mich als ›Berichterstatter‹. Ich teilte den Wesen anderer Welten telepathisch mit, wie es auf der Erde zugeht.

Alle fanden es höchst eigenartig. Aber ich wusste, dass ich hier auf der Erde bleiben musste. Aber es war recht schwer für mich, ich fühlte mich sehr einsam. Mein Bruder wurde auch älter und begann verschlossener zu werden.«

Der Engel des Vergessens

Sein Vater erzählte ihm mit fünf Jahren eine alte Legende, in der es heißt, dass alle Kinder vor ihrer Verkörperung mit göttlichen Wahrheiten in Verbindung stehen, aber »im Augenblick der Geburt kommt ein Engel, der sie auf die Lippen küsst, und versiegelt sie dadurch. Er heißt ›der Engel des Vergessens‹. Deshalb müssen die Menschen alles neu lernen, sie erinnern sich an nichts.« Flavio: »Ja, das stimmt. Aber ich war auf der Hut, und als der Engel kam, bog ich den Kopf zur Seite, und er berührte mich nur ein ganz klein wenig. Deshalb erinnere ich mich. Es ist traurig, wenn man alles vergisst. – Jetzt kommen immer mehr Kinder, die die Erinnerung an Gott mitbringen. Aber das Schwierigste ist nicht, sich zu erinnern, sondern es in Worte zu kleiden.«

Damit spricht Flavio einige bedeutende Weisheiten aus, die für das Verständnis der Entwicklungsprobleme *aller* Kinder gelten. Das ist einmal die Möglichkeit, sich an das Leben in einer Welt vor der Geburt zu erinnern und dieses in Worte zu bringen, wie auch diese zu vergessen. Damit drückt er etwas aus, was im Grunde für alle Kinder geistig-seelische Schwerstarbeit ist: die mitgebrachten Kräfte und Wahrheiten, die sie aus der vorgeburtlichen Welt mitbringen, in Gedanken und Worte umzuformen. In welchem Maße ihnen dies gelingt, hängt in hohem Grade auch von dem Verständnis und der Hilfe ihrer menschlichen Umgebung ab.

Mit acht Jahren blickt Flavio noch einmal auf alles zurück, was er in der geistigen Welt vor der Geburt erlebte, und schaut auch auf die Kinder, die mit ihm geboren wurden. Er schreibt dazu: »Jetzt werden neue Kinder geboren. Es sind andere Menschen, wenn sie auch äußerlich gleich sind. Ich bin nur einer von ihnen, einer der ersten. Die Menschheit ändert sich. Die Verbindung zum Geistigen ist viel offener. Heutzutage können alle Kinder in Kontakt mit ihrem Kern bleiben, also mit ihrem eigentlichen ›Ich‹. Kleine Kinder weinen, weil es sehr schwierig ist, auf diesem Planeten zu sein. Ein Baby versucht sich telepathisch verständlich zu machen, aber das klappt meist nicht, weil hier alles so dicht ist. Ein Kind sieht alles, das Gute und das Böse, das Falsche und das Echte. Auf anderen Planeten sieht man das, was man sehen will. Wenn ich sage ›sehen‹, meine ich das im übertragenen Sinn, denn es gibt dort keine physischen Augen: Man lenkt einfach seine Aufmerksamkeit dahin, woran man interessiert ist, und wenn man will, nimmt man sie wieder weg.«

Auch hier besteht, ähnlich wie bei Elfi, die Erinnerung an ein alles umfassendes, nicht in Zeit und Raum verlaufendes Ganzheits-Bewusstsein, das erst im Verlauf der körperlichen Entwicklung in eine punktuelle Wahrnehmung umgewandelt werden muss. Das bewirkt auch das Erlebnis der Enge, des Eingesperrt-Seins im physischen Körper.

Man muss den Erwachsenen helfen

Flavio: »Das Neugeborene hat Angst, es ist eingesperrt in die Wirklichkeit des Körpers. Es vermisst die essenzielle Einheit, die dort ist, wo es herkommt, und daher schließt es sich schnell an die Personen an, die es umsorgen. Es überträgt die Rolle des höchsten Wesens auf die Eltern. Wenn die Eltern nur an das Materielle glauben, ziehen sie das Kind immer mehr in die physische Existenz. Während sie ihm das Sprechen beibringen, schränken sie seine Gedanken ein. Wenn die Kinder größer werden, verlieren sie nach und nach die Verbindung zu ihrem Ursprung.

Um den Kindern helfen zu können, muss man den Erwachsenen helfen. Wenn die Eltern offen sind, werden sie die Kinder versorgen, ohne ihnen ihre eigenen Ideen aufzupfropfen, ihre eigene Weltanschauung. Das Wichtigste ist, ihnen einen Freiraum zu lassen, ihnen Zeit zu schenken, sie denken und reden zu lassen. Es ist wichtig, mit ihnen von Gott zu sprechen, vom Geistigen, aber ohne darauf zu pochen, dass man im Besitz der Wahrheit ist. Den Kindern erlaubt man lediglich, den Standpunkt des täglichen Lebens einzuüben. Dadurch schränken sie den Gebrauch ihrer Mentalwellen ein und lernen es, sich im Physischen zu verankern. Das ist so, als nutze man die Möglichkeit eines Computers nur zu einem Bruchteil aus. Wenn Kinder erst einmal ›programmiert‹ sind, haben sie große Schwierigkeiten, sich wieder zu öffnen, zumindest gibt es Probleme. Man muss viel Geduld aufbringen, wenn man die geistige Verbindung wieder öffnen möchte. Die meisten Menschen bringen ihr ganzes Leben zu, ohne sich auf das Ganze zu besinnen. Verbindung zum Höheren haben sie nur als Kinder, und manchmal erlangen sie sie wieder vor dem Sterben. Sie suchen das äußere Glück, weil sie das innere verloren haben. Sie leiden unter ihren vielen Wünschen, auch deshalb, weil sie zu sehr an anderen Menschen hängen. Ein Kind der neuen Zeit weiß, dass es Teil der Ganzheit ist. Für die Ganzheit gibt es nur ein einziges Ich, wenn auch das individuelle Ich von begrenzter Vielfalt ist.«

»Wir sind viele«

Flavio formuliert außer seinen sehr detaillierten Einsichten über das Wesen des Universums und des Menschen immer wieder auch seine Aufgabe und Mission, die er in Verbindung mit vielen anderen Kindern sieht, die jetzt geboren werden. So sagte er mit sechs Jahren: »Ich komme aus dem Kern der Sonne, um meinen Auftrag zu erfüllen. Zuerst ging ich zum Saturn, der der Erde ähnlich ist. Dann kam ich zur Erde, die ein sehr schwieriger Planet ist, weil er sehr physisch ist; er hat viel Materie und wenig Spirituelles. Die Kinder, die jetzt geboren werden, kommen aus einer fortschrittlicheren Schule als dem Mars, zum Beispiel aus der Sonne. Diese neuen Wesen werden dabei helfen, dass die Erde keine allzu jähe Umwandlung erfährt. Gemeinsam werden wir gute Schwingungen erzeugen.«

Dieses größere ›mentale Zentrum‹, von dem er oben gesprochen hat, ist in der Tat bei vielen dieser Kinder mit ihren auffallend anders gearteten Eigenschaften und Verhaltensweisen zu beobachten.

Zur Veranschaulichung brachte er seine Gedanken und Erinnerungen in einfachen, aber sehr prägnanten Bildern zum Ausdruck. Mit sechs Jahren skizziert er schon, wie er ursprünglich mit anderen Seelen gemeinsam aus der Sonne kommt, sich mit einer Zwischenstation auf dem Saturn wie in wellenartigen Stufen der Erde nähert und unter sich das Haus seiner Eltern sieht. Er schreibt dazu: »Ich komme gar nicht allein aus dieser geistigen Welt, sondern ich komme aus einer Seelengruppe. Und da gibt es noch viele andere Seelenuntergruppen. Da sind wir gemeinsam in dieser Welt, bevor wir auf die Erde kommen. Ich gehe mit einer kleinen Seelengruppe, mit der ich dann gemeinsam auf der Erde leben werde, durch verschiedene Sphären hindurch, und dann muss ich aber erst hier auf die Sonne. Diese Sonne gibt mir eine ungeheure Kraft, damit ich mich dann auf den Weg zur Erde vorbereiten kann, aber ich musste zuerst mal zum Saturn. Und der Saturn als Planet ist geeignet, um sich auf die Bedingungen, die man dann auf der Erde leiblich vorfindet, vorbereiten zu können. Dann muss ich noch durch andere Planeten hindurch. Und meine Eltern mit ihrer Aura sind in Liebe miteinander verbunden. Sie ermöglichen mir dann den Weg auf die Erde zur Geburt.«[5]

4. Leben in zwei Welten

Aus den vorangehenden Beschreibungen kann deutlich werden, dass es sich hier um Kinder handelt, die zu gleicher Zeit in zwei verschiedenen Welten leben: Einerseits haben sie starke Erinnerungen an eine Welt, in der sie sich als rein geistig-seelische Wesen befunden haben. Diese wirkt nach, aus ihr bringen sie ganz bestimmte Bilderweisheiten und Erkenntnisse mit. Auf der anderen Seite stehen sie in der Situation, sich die physische Welt erobern zu müssen, indem sie ihren Körper in einer gesunden Weise ergreifen und ihr Gehirn entsprechend durchstrukturieren lernen.

Ich habe diese Berichte für den Anfang ausgewählt, weil hier Kinder selbst über eine Welt sprechen, aus der sie als geistig-seelische Wesen kommen, die sie als Erinnerung auch in ihr kindliches Bewusstsein begleitet und so ihr Lebensgefühl mitbestimmt. Denn auch beim Erwachsenen ist ja sein Ich-Bewusstsein auf sein ganzes Gedanken- und Gefühlsleben begründet, seine Lebenserfahrungen, Erinnerungen, Tatimpulse, die er seit seiner Geburt durchlebt hat. So scheint mir eben dieses früh auftretende, mit großer Selbstsicherheit gepaarte Ich-Gefühl dieser Kinder durch jene stark nachwirkende Erinnerung getragen zu sein, welche durch Bild- oder Gefühlserinnerungen an die Zeit vor der Geburt geprägt ist – ob sie sich dessen bewusst sind oder nicht. Der Unterschied besteht allerdings darin, dass Erinnerungen an geistige Erlebnisse ein stärkeres Ich-Gefühl entzünden, weil es mit einem höheren Wahrheitserlebnis verbunden ist als Erinnerungen an äußere Lebenserfahrungen.

Hieraus resultiert auch der häufig schon kurz nach der Geburt zu beobachtende gezielte, zupackende Blick, das schon im zweiten Lebensjahr auftretende ›Ich-Sagen‹ und die bald einsetzende und anhaltende Konfrontationsbereitschaft mit dem Erwachsenen. Warum? Dieses für unseren äußeren Blick verborgene Wesen des Kindes möchte, trotz seiner biologisch bedingten kindlichen Entwicklungsstufe, als gleichwertiger Partner behandelt werden, auch wenn es sich noch nicht verbal verständlich machen kann. Hier entsteht für die Eltern zunächst einmal eine verständliche Irritation, Ratlosigkeit, ja Verzweiflung, wenn sie das ungewohnte Verhalten des Kindes bzw. seine Ursachen nicht durchschauen. Denn der ganze physische Organismus, die Bewegungs-, Sprach- und Denkfähigkeit müssen ja erst er-obert und ausgebildet werden, damit sich die seelisch-geistigen Fähigkeiten zur Geltung bringen können. Das hat Flavio als unmittelbare Erinnerung aus geistigem Erleben zum Ausdruck gebracht.

Was bei aller individuellen Verschiedenartigkeit diesen neuen Kindern gemeinsam zu sein scheint, ist dieses eben genannte frühe und stark ausgeprägte Ich-Bewusstsein, das sich allerdings der unterschiedlichen Begabung der Kinder gemäß auch entsprechend verschieden äußert und bei Jungen und Mädchen anders zur Erscheinung kommt.

Ein 14 Monate altes Mädchen kam eines Tages mit strahlenden Augen auf die Mutter zugelaufen und hielt ihre Hände wie eine Schale vor sich, wie wenn sie darin der Mutter ein wunderbar leuchtendes Geschenk zeigen wollte, und sagte dazu: »Ich«. Dann deutete sie auf sich selbst mit dem Wort »Ich« und auf die Mutter: »Du!«

Es kann aus einem rein biologischen Verständnis dieser geistige Faktor, der die kindliche Entwicklung mitbestimmt, allerdings leicht übersehen oder auch falsch eingeschätzt werden. Diese Anschauung, die das Ich als ein eigenständiges Wesen mit einbezieht, steht ja zunächst einmal im Widerspruch zu allen Vorstellungen, die wir uns im Alltag für die

›normale‹ menschliche Entwicklung gebildet haben. Das Gleiche gilt vor allem auch für die durch viele Jahrzehnte ausdifferenzierte normative Entwicklungspsychologie, welche die Grundlage der gegenwärtigen Erziehungswissenschaft ist. Viele vom so genannten ›Normalen‹ abweichende Eigenschaften und Verhaltensweisen können daher aus dieser vereinfachten, auf das Biologische reduzierten Sicht auf das Kind auch nicht verstanden werden. Daher möchte ich erst einmal auf jene ganz andere Betrachtungsweise eingehen, welche zu der Bezeichnung *Indigo-Kinder* geführt hat.

Auch wenn die Bezeichnung Indigo-Kinder keinesfalls auf alle zutreffend ist, ist doch dieser Namensfindung zu verdanken, dass mithilfe dieses Begriffes der Blick auf die geistig-seelischen Ursachen gelenkt wurde, welche möglicherweise hinter den Verhaltensauffälligkeiten dieser Kinder stehen, wogegen sie bisher meistens nur von der pathologischen Seite betrachtet wurden, weil sie vom normalen Erscheinungsbild abweichen.

Wie kommt also dieser Ausdruck Indigo-Kinder zustande?

5. Die Farbe Indigo

Die Erkenntnisfähigkeit befindet sich in einer fortschreitenden Erweiterung. Seit der Entdeckung der Spektralanalyse gibt es die Möglichkeit, die chemische Zusammensetzung von Objekten, z.B. auch entfernter Himmelskörper, zu ermitteln. Jede Substanz erscheint durch diese Untersuchungsmethode in einem bestimmten Farbenspektrum und gestattet präzise Aussagen über die Beschaffenheit des Beobachtungsobjektes.

Auch die Bewusstseinsentwicklung für die Wahrnehmung der übersinnlichen, nichtmateriellen Welt ist nicht abgeschlossen. Es gehört offensichtlich zum individuellen geistigen Fortschritt in der Gegenwart, dass immer mehr Menschen die Fähigkeit bei sich entdecken – oder diese durch Schulung ausbilden –, die speziellen seelisch-geistigen Eigenschaften anderer Menschen als farbige Ausstrahlung, d.h. als ›Aura‹, wahrzunehmen. Wer diese Farbempfindungen deuten lernt, kann also auch – ähnlich wie der Spektralanalytiker anhand des spezifischen Farbenspektrums Erkenntnisse über die *stoffliche* Konsistenz gewinnt – Aussagen über *geistige* Eigenschaften und Begabungen von Menschen machen, welche zunächst für das äußere Auge verborgen sind.

Die bereits genannte amerikanische Psychologin Nancy Ann Tappe, die diese Fähigkeit besitzt, verfasste 1982 ein Buch mit dem Titel *Understanding your Life through Colour*.[6] Es ist die früheste bekannt gewordene Publikation, in der auch die Verhaltensmuster dieser neuen Kindergeneration benannt werden. In diesem Buch werden verschiedene menschliche Eigenschaften und Verhaltensweisen bestimmten Farbgruppen zugeordnet. Eine dieser Farbgruppen ist Indigo-Blau. »Diese Farbgruppe zeigt mir sehr genau«, sagt Tappe, »was es mit dem neuen Typ Kind auf sich hat.«

Sie beschreibt also, wie sie in der Ausstrahlung der Menschen die Eigenschaften als »Lebensfarben« sieht, und daran erfährt sie, worin hier auf der irdischen Ebene deren Aufgabe besteht. Als Anfang der achtziger Jahre immer mehr ratlose Eltern mit ihren Kindern in ihre Praxis kamen, wurde ihr deutlich, dass sich hier bei einer ganzen Kindergeneration ein Wandel abzuzeichnen begann. Nach ihrer jahrzehntelangen Beobachtung war bei diesen Kindern das Indigo-Blau zunehmend deutlicher als farbige Ausstrahlung gegenüber den früher dominierenden Orange- und Rotfarben in den Vordergrund getreten.

Der Bewusstseinsseelen-Mensch

Was bedeutet nun dieses Indigo als dunkelblaue Farbe, wenn es für seherisch begabte Menschen in der aurischen Ausstrahlung wahrgenommen wird?

Dieser Farbe widmet die Malerin Collot d'Herbois, die viele Jahre lang auf anthroposophischer Grundlage mit Kindern therapeutisch gearbeitet hat, ein ganzes Kapitel in ihrem Buch *Light, Darkness and Colour, a Painting Therapy.*[7] Dort schreibt sie: »Was kann uns Zugang verschaffen zu der Frage: Was bedeutet Indigo in der menschlichen Aura?« Sie nennt zwei Figuren am Beginn unserer naturwissenschaftlich orientierten Zeit, in denen die Eigenschaft des heutigen Bewusstseinsseelenmenschen – das heißt des Menschen, der ein Bewusstsein seiner eigenen Seelenaktivität hat – in einer frühen, für die damalige Zeit extremen Art aufgetreten ist. Die erste ist Till Eulenspiegel, der die Menschen, die ganz im Traditionellen lebten, beim Wort nahm und ihnen die Phrasenhaftigkeit ihres Denkens vorführte. Er führte ihnen die Nicht-Identität zwischen dem, was die Menschen sagten, und dem, was sie dachten und taten, durch seinen scharfen und schelmischen Verstand in lustigen Streichen vor Augen.

In der anderen Gestalt, der des Faust, wie ihn Goethe darstellt, könne man den zweiten Repräsentanten der Bewusstseinsseelenkräfte sehen, der nicht zufrieden war mit der üblichen Wissenschaft. Wir kennen seinen Stoßseufzer: »Habe nun, ach! Philosophie, Juristerei und Medizin, und leider auch Theologie durchaus studiert, mit heißem Bemühn«. Und nun ist er so klug wie zuvor. Er wollte mit seiner Gedankenkraft in die Tiefen der Weltgeheimnisse eindringen und wissen, was die Welt im Innersten zusammenhält. In dieser Gestalt des Faust führt nun Goethe die Hohlheit der traditionellen Wissenschaft vor, die den Menschen geistig an den Rand der Verzweiflung führt, weil er darin den tieferen Sinn seines Mensch-Seins nicht finden kann, sodass er sich letztendlich als »armer Tor« empfindet und sein Leben beenden möchte. Doch Faust will in den verborgenen, geistigen Kräftezusammenhang der Welt eindringen und ihn ergründen.

Früher haben die Menschen ihr Denken hauptsächlich dazu verwendet, um ihre Lebensnotwendigkeiten zu befriedigen, aber die Mehrzahl der Menschen hat es nicht im geistig-schöpferischen Sinn gebraucht. Es waren die Eingeweihten, Priester, einzelne herausgehobene Menschen, die das auch schon vor tausend, zweitausend Jahren geübt haben. Erst mit Beginn der so genannten Neuzeit, etwa ab dem 15. Jahrhundert, breitet sich das Bewusstsein der eigenen schöpferischen Gedankenkraft und damit das Ich-Bewusstsein forschend und kulturprägend aus und stellt damit alles Konventionelle in Frage. Insofern ist die Gestalt des Faust ein früher Vertreter des heutigen Gegenwartsmenschen einschließlich seiner Todessehnsucht im Durchleben einer veräußerlichten sinnentleerten Weltanschauung.

Die Suche nach Wahrheit und das Bündnis mit dem Bösen

An dieser Gestalt des Faust orientiert, beschreibt Collot d'Herbois, wie die rastlose Suche nach Wahrheit inklusive dem Bündnis mit dem Bösen etwas ist, was in Form vielfältiger Eigenschaften für den seherisch begabten Menschen auch in der Aura der heutigen Menschen zur Erscheinung kommt. Bei Menschen, die also dieses rastlose Suchen, das Eindringenwollen mit ihrer Gedankenkraft in die Wahrheit der Welt, in die Wirklichkeit haben, erscheint die Farbe Indigo mit besonderer Intensität.

Insofern ist Faust *der* ›Indigo-Mensch‹, so wie er schon vor einigen hundert Jahren vereinzelt dagewesen ist und unsere ganze wissenschaftliche Zeit mit seinem Streben geprägt hat. Nicht was Menschen nachahmen, ist also das Entscheidende, das Neue, sondern es ist die ungeheure Kraft, mit der Menschen in die Tiefe der Welt der Materie eindringen, um sie zu erkennen und umzuschaffen. Sie beschreibt das als Malerin so: »Die Aura des Menschen ist eine bildhafte Imagination menschlicher Eigenschaften. Wenn man eintaucht in diese Welt der Imagination, dann ist das nur ein Teil der ganzen Erde, die von Imaginationen umschlossen wird. Und von dort kommen die Kräfte, die dann auch als Inspirationen, als Fantasien, als Impulse in die Menschheit hereinkommen. – Dann kann man in dieser beweglichen flutenden Bildwelt der Imagination einem so genannten ›Ritter in schwarzer Rüstung‹ begegnen, und hinter ihm wird es Licht. Dieses Licht scheint durch ihn durch. Die Schwärze kann dann von dem Licht durchdrungen werden und metamorphosiert sich in ein Lichtwesen. Dieses Lichtwesen, das durch diesen Ritter in der schwarzen Rüstung hindurchscheint, das hat mit diesem Indigo zu tun.

Kurz gesagt: Das Indigo ist ein zum Schwärzlichen hingehendes Blau. Es geht auf der einen Seite zum Ultramarin, zum Hellerwerden; nach der anderen Seite, der dunkleren, geht es dann zum Preußisch-Blau und in Schwarz über. Das Indigo steht also an einer bestimmten Stelle.« Sie beschreibt das im Bilde einer Imagination: »Da ist ein Wesen, das sozusagen diese Eisenkraft, die in der schwarzen Rüstung symbolisiert ist, in die Menschheit hereinbringt.« Die Eisenkraft hat etwas mit Mars zu tun, aber eben als geistige Kraft.

Das neue Denken

Wir kennen die kosmischen kriegerischen Marskräfte, die die geschichtliche Vergangenheit der Menschheit geprägt haben. Sie wirken auch heute noch. Wir tragen sie verwandelt auch als Gedankenkraft in uns, besonders wenn wir unsere Gedanken als Waffe verwenden. Das geschieht auch mit dem analytischen Denken, das zunächst einmal alles auseinandernimmt und zerstört, um Erkenntnisse über die materielle Welt zu gewinnen. Das ist zunächst auch unumgänglich.

Diese Marskräfte sind also in der Imagination des schwarzen Ritters erlebbar. Aber – und das ist das Neue und weist in diesem Bild auf einen Bewusstseinswandel hin – »dieser Ritter wird durchleuchtet von einem hellen Licht, und das löst diese Schwärze auf. Und dann erscheint das Indigo. Das hat eine starke Beziehung zu dem Erzengel Michael«, so schreibt sie. Dieses geistige Wesen, das hier als Michael bezeichnet wird, erwartet aber von den Menschen, dass sie initiativ werden, dass sie nicht nur die materielle Welt so nehmen wie sie ist und sie nur genießen und verbrauchen, sondern er erwartet, dass sie initiativ werden, um mit ihrer Gedankenkraft nicht nur die Gesetze der Materie, sondern auch die verborgenen Gesetzmäßigkeiten des Lebens zu verstehen. Das heißt die tieferen Geheimnisse und damit das Leben zu durchdringen, im Sinne des Zusammenfügens, des Heilens, des Synthetisierens.

Das ist eine völlig andere Art des Denkens, die wir in der Zukunft brauchen. Denn die vielen Nöte und Katastrophen, die wir durch das marsische, analytische Denken in die Welt hineingebracht haben und die wir heute erleben, werden viel synthetisierende, heilende und zusammenfügende Kräfte erfordern, um wieder Ordnung in das chaotisierte, komplizierte Gefüge der Welt hineinzubringen. Das sind die merkurialen, mit Spiritualität durchdrungenen Denk-Kräfte. Man kann auch sagen: Es sind Heilkräfte im Sinne des Christus. – Das kann man also als tieferen Sinn in dem künstlerisch erfassten Bild erkennen, welches die Malerin und Therapeutin Collot d'Herbois als Imagination vor uns hinstellt.

Die Doppelnatur des Menschen

Mit dem Blick auf die Kinder, mit denen sie gearbeitet hat, beschreibt sie nun das Phänomen des Indigo-Blau, das gegenwärtig immer stärker in den Vordergrund tritt, im Gegensatz zum Vergangenheitsmenschen, der vor allem viele warme Farben in seiner Aura hatte, viel Orange, Rot, Gelb, aber auch ein warmes Grün. So ist der Gegenwartsmensch von Eigenschaften geprägt, die in diesem besonderen Blau zur Erscheinung kommen, das für ihre Beobachtung entweder zum Schwarz oder zum Helleren gehen kann. Darin drücken sich aber die zwei Seiten der Doppelnatur des Menschen als latent vorhandene Entwicklungsmöglichkeiten aus: Es kann sich dieser Ich-betonte Mensch zu höchsten Höhen des Geistigen erheben, sodass er dieses auch denkend verstehen kann, auch wenn er es noch nicht imaginativ schaut; auf der anderen Seite kann er durch die Kräfte, die sich in der schwärzlichen Kühle dieser Farbe ausdrücken, in die tiefsten Tiefen des Lebens heruntersteigen, ja herunterstürzen und böse werden durch seine hoch entwickelte, kalte Intelligenz.

Dieses Indigo hat für das imaginative Wahrnehmen also mit den beiden potenziellen Eigenschaften des Menschen zu tun: höchste Sehnsucht nach dem Geistigen sowie das Vermögen, geistige Dinge denken und verstehen zu können. Auf der anderen Seite können die gleichen Kräfte dazu führen, dass sie in Dekadenz geraten, abrutschen und in die rein materielle Dimension hineingehen. Es werden dann Erlebnisse und Erkenntnisse gesucht, die die Neigung in sich bergen zu zerstören, ja zu töten. – Das sind die beiden Richtungen, die in dieser Indigo-Farbe erkannt werden können und mit denen sich der Therapeut auch in der Arbeit mit Kindern real konfrontiert sieht.

Es kann mit Recht zunächst als ein großes Rätsel erlebt werden, wenn man sich jene Fälle vergegenwärtigt, in denen intellektuell hoch begabte Kinder, die auch zu der Gruppe der Indigo-Kinder gerechnet werden, mit einer seltsamen ›Coolness‹ andere Kinder getötet haben. – Demgegenüber steht die ganz andere Gruppe jener Kinder, die als hoch begabte und sensible Wesen geistig und künstlerisch zu schöpferischen Persönlichkeiten heranwachsen.

Das ist die ganze extreme Bandbreite unterschiedlicher Entwicklungsmöglichkeiten bei jenen Kindern mit ihren auffallend anders gearteten Eigenschaften, die mit der Farbe Indigo in Zusammenhang gebracht werden. Aus dieser Sicht ist der Name Indigo-Kinder eine Art Fachbegriff geworden.

Ob es sich dabei im Einzelnen tatsächlich um einen Typus dieser neuen Kindergeneration handelt, kann nur durch sorgfältige Beobachtung herausgefunden werden.

6. Die besonderen Eigenschaften der Kinder

»Sie wissen, wer sie sind«

Es beginnt schon häufig kurz nach der Geburt damit, dass sie die Augen öffnen und den unmittelbaren Blickkontakt suchen. Viele Eltern berichten darüber, es sei der Blick eines selbstbewussten reifen Menschen. Daher ist es kein Wunder, wenn sich daraus auch die Fähigkeit entwickelt, die Umgebung schnell zu erfassen und den Erwachsenen in seinen inneren Regungen so zu durchschauen, als wäre er für sie durchsichtig. Mit dieser Fähigkeit ist auch das frühe Selbstbewusstsein verbunden, dass sie »wissen, wer sie sind« und bald deutlich machen können, dass sie anders sind als andere Kinder. Es gibt eine ganze Reihe von Merkmalen, die bei vielen dieser Kinder auftreten:

Ihre Entwicklung erscheint häufig in mancher Hinsicht um ein bis zwei Jahre verfrüht, in anderer wieder verzögert. So sagen viele schon mit eineinhalb Jahren »Ich« zu sich selbst und bringen sich auch entsprechend zur Geltung. Auch wenn die Erscheinungsformen höchst individuell sind, können doch einige besondere Eigenschaften als sehr prägnant erlebt werden.[8]

- Sie wollen mit Respekt und als gleichwertige Persönlichkeiten behandelt werden.
- Sie kommen mit dem Gefühl, königliche Hoheiten zu sein, auf die Welt und verhalten sich oft entsprechend.
- Sie haben das Gefühl, dass sie es »verdienen, auf der Welt zu sein« und sind überrascht, wenn andere diese Ansicht nicht teilen.
- Selbstwertgefühl ist für sie kein großes Thema; sie sagen

ihren Eltern oft schon sehr deutlich, »wer sie sind«, was sie brauchen und wollen und auch, was sie nicht wollen.

- Sie haben Probleme mit absoluter Autorität, die sich nicht erklärt. Auf Schuldgefühle und Androhung von Strafen sprechen sie nicht an.

- Sie tun bestimmte Dinge partout nicht, so fällt es ihnen zum Beispiel schwer, sich in gewohnte Ordnungen zu fügen.

- Sie sind frustriert und langweilen sich, wenn Systeme nur schematisch ablaufen und kein kreatives Denken erfordern.

- Sie sehen oft bessere Möglichkeiten, wie man etwas angehen könnte, ob zu Hause oder in der Schule, und so werden sie oft als Kinder angesehen, die gegen bestehende Systeme rebellieren und mit keinem System konform gehen.

- Sie wirken unsozial, es sei denn, sie bewegen sich unter ihresgleichen. Sind keine anderen in ihrem Umfeld, deren Bewusstsein ähnlich strukturiert ist, so verkriechen sie sich oft in sich selbst und haben das Gefühl, von niemandem verstanden zu werden.

- Schule ist für sie – sozial gesehen – oft außerordentlich schwierig, denn sie lernen gern durch Erfahrung und Experiment.

- Sie wollen nicht auf Befehl handeln, sondern erwarten, dass man alles mit ihnen bespricht, um mitdenken und entscheiden zu können.

- Sie haben ein hohes Wahrhaftigkeitsgefühl und erwarten Identität, Ehrlichkeit und Selbsterkenntnis; nur das schafft für sie ein Vertrauensverhältnis zum Erwachsenen.

- Jede Unehrlichkeit, jeder Versuch der Täuschung wird sofort durchschaut. Das bewirkt, dass sie sich sofort entziehen, wenn sie sich nicht ernst genommen oder verstanden fühlen.

- Sie engagieren sich für alles, was sie selbst interessiert, aber es kostet Mühe, ihr Interesse für etwas anderes zu wecken.
- Häufig erinnern sie sich – wenn auch manchmal nur kurzfristig – an Situationen aus einem früheren Leben. Andere wiederum sind extrem tat- und zukunftsorientiert und interessieren sich nicht für die Vergangenheit.
- Ihr Verhalten hängt häufig stark von ihrer menschlichen Umgebung ab: zu Hause durchaus umgänglich – in der Schule total daneben. Oder: gegenüber der eigenen Mutter aufsässig – bei der Großmutter oder einem anderen Erwachsenen still und friedlich.

Keine fertigen Wesen

An den hier genannten Verhaltensweisen zeigt sich schon, in welch individuell unterschiedliche Richtung die Gesamtentwicklung dieser Kinder geht und wie stark auch die Entwicklung von der Umgebung der Erwachsenen abhängt. Welches Verhalten den Kindern entgegengebracht wird, entscheidet mit, was bei ihnen zur Erscheinung kommen wird. Dabei spielen bereits die innere gefühlsmäßige Haltung und die Gedanken der Erwachsenen eine große Rolle, denn diese werden von ihnen unmittelbar wahrgenommen. Mitunter ist ihr Verhalten wie ein Spiegel ihrer menschlichen Umwelt.

Das Panorama-Bewusstsein

Eine weitere Eigenschaft neben dem frühen Selbstbewusstsein und der schnellen Gedankenwahrnehmung ist bei vielen dieser Kinder ihr offensichtlich sehr bildhaftes ganzheitliches Wahrnehmen. Eine solche Fähigkeit haben viele, die als Legastheniker bezeichnet werden. Dieses bildhafte Denken, mit dem sie blitzartig große reale Zusammenhänge, aber auch Texte erfassen, geht nach psychologischen Untersuchungen vierhundert bis zweitausend Mal so schnell wie das ›normale‹ Denken, das von Gedanke zu Gedanke, von Wort zu Wort fortschreitet.

Wer dieses bildhafte Denken besitzt, versteht sofort, wenn eine Situation oder das Bild einer Sache vor ihm auftaucht, was darin auch an Bedeutung enthalten ist, selbst wenn es noch nicht sofort formuliert werden kann. Denn es braucht Zeit und Konzentrationskraft, einen einzelnen Punkt zu erfassen, diesen konzentriert festzuhalten und dann den Gedanken, der zunächst in einer gewissen Bildhaftigkeit aufgetreten ist, Schritt für Schritt in Zeit und Raum zu entwickeln.

Diese Kinder können sich förmlich in einem Raum um die Dinge herum bewegen und sind mit ihrem Bewusstsein in diesem ausgebreitet. Darauf sind die verblüffenden Beobachtungen zurückzuführen, die aus einem rein physikalischen Blickwinkel heraus nicht möglich erscheinen und von denen diese Kinder berichten. Man ist dann ganz überrascht, wenn sie etwas mitbekommen und erzählen, was in einer anderen Ecke des Zimmers oder gar in einem anderen Raum geschieht.[9] Aus dieser ganzheitlichen Wahrnehmungsart ergibt sich allerdings die Schwierigkeit der punktuellen Konzentration. Man nennt es ›Desorientierung‹. Doch gerade auf diesem ›Panorama-Bewusstsein‹ beruht die schöpferische Kraft, welche bei richtiger Anwendung dieses Wahrnehmungsvermögens dem so genannten ›linearen Denken‹ überlegen ist.

Große Persönlichkeiten haben oft die Begabung dieses bildhaften Denkens, das dem ›Normaldenken‹ – welches eine logische Gedankenfolge erst Schritt für Schritt aufbauen muss – überlegen ist, weil es sich offensichtlich in einer nicht räumlichen Sphäre abspielt.

Ein solches bildhaftes Erfassen ist für die hier beschriebenen Kinder – weil sie es mitbringen – erst einmal selbstverständlich. Das macht zum Teil auch ihre scheinbare Arroganz anderen gegenüber aus, bzw. ihr Gelangweilt-Sein. Sie merken, die anderen brauchen länger, um einen Gedanken klarzukriegen, während sie selbst die Sache im größeren Zusammenhang schon längst überschauen und bereits viele weitergehende Fragen dazu haben. Das nervt dann zum Beispiel im Klassenverband. Einige von ihnen ›sehen‹ auf diese Weise die Lösung mathematischer Aufgaben oder lesen sie aus den Gedanken des Lehrers ab.

Wie aber geht man mit solchen Kindern um? Mit ihrem umfangreichen Wahrnehmungsvermögen fällt ihnen gerade das Üben und Wiederholen von Dingen schwer. Sie haben das Gefühl, schon alles zu können.

Durch diese Erkenntnis kann verständlich werden, warum trotz ihres frühen Alters eine halb bewusste Erwartung entsteht, diese Fähigkeiten auch schon einsetzen zu dürfen im Mitplanen, Mitentscheiden und im Übernehmen von Verantwortung, denn dieser Verantwortungswille hängt mit dem früh erwachten Ich-Bewusstsein zusammen. Die andere Seite ihrer zum Teil einseitigen technischen, künstlerischen, sozialen oder auch hellsichtigen Begabung ist, dass sie sich erst zu wirklich sozial fähigen Wesen mithilfe der Erwachsenen entwickeln müssen in einer Welt, in der sie den Gesetzen von Raum und Zeit unterworfen sind.

Wenn man aber diese unausgesprochene Erwartung berücksichtigt, dann fühlen sie sich, ungeachtet ihres Alters, als vollwertige Menschen ernst genommen. – Das stellt natürlich auch andere Anforderungen an Eltern und Erzieher.

Das Bildungswesen erneuern

Einer der Pioniere in der Arbeit mit diesen Kindern, der Pädagoge und psychologische Berater Robert Ocker[10] hat eine ganze Reihe von hilfreichen Methoden entwickelt und zieht die Konsequenzen daraus.

»Wir müssen als Erzieher Pionierarbeit in Sachen Paradigmen leisten – wir müssen unsere Annahmen über Sinn, Zweck und Funktion von Erziehung neu überprüfen und ein neues Bewusstsein erlangen. Wir müssen Kindern beibringen zu denken, nicht ihnen sagen, was sie zu denken haben. Unsere Rolle besteht nicht darin, Wissen weiterzugeben, sondern Weisheit. Weisheit ist angewandtes Wissen. Wenn wir Kindern lediglich Wissen vermitteln, sagen wir ihnen, was sie denken sollen, was sie wissen sollen und was sie für wahr halten sollen.

Geben wir Kindern jedoch Weisheit, so sagen wir ihnen nicht, was sie wissen *sollen* oder was wahr ist, sondern wir sagen ihnen, wie sie zu dem gelangen, was für sie selbst wahr ist. Natürlich können wir das Wissen nicht außer Acht lassen, wenn wir Weisheit vermitteln, denn ohne Wissen gibt es keine Weisheit. Eine bestimmte Menge an Wissen muss durchaus von einer Generation an die nächste weitergegeben werden, aber wir müssen die Kinder ihre eigenen Entdeckungen machen lassen! Wissen geht oft verloren, Weisheit jedoch fällt nie dem Vergessen anheim.

Ich stelle mir ein Erziehungswesen vor, das darauf basiert, die Talente und Fertigkeiten von Kindern zu entwickeln, statt ihr Gedächtnis. Die Kinder sind unsere Führer – wir sollten ihnen zu der Fähigkeit verhelfen, ihre eigenen Wahrheiten herauszufinden. Kritisches Denken, Problemlösung, Phantasie, Aufrichtigkeit und Verantwortungsbewusstsein – sie müssen Kern der Erziehung der Kinder des 21. Jahrhunderts werden.

Meine Vision der Erziehung der Zukunft basiert auf bedingungsloser Liebe. Dies ist die Essenz des neuen Menschenwesens. Denn das Selbstvertrauen der Indigos ist ein zentraler Faktor, der über den zukünftigen Erfolg in ihrem Leben entscheidet ...Wirkliche Erziehung wird Körper, Geist und Seele einbeziehen, die ihrem Wesen nach frei und unabhängig sind. Wirklicher Erziehung muss es darum gehen, Menschen ins Leben zu stellen. [...] Wir müssen das Bildungswesen erneuern, damit sich die Gattung Mensch verbessern kann. [...] Viele dieser Kleinen haben den goldenen Engel in sich selbst nicht vergessen, der durch den Filter ihrer Individualität hindurchleuchtet.«

Der verborgene Wille zur Eigenständigkeit

Wenn wir anerkennen, dass in Kindern von ihrer frühesten Existenz an etwas Eigenständiges lebt, das sie erst langsam durch die Körperlichkeit zum Ausdruck bringen können, erklärt sich das frühe und starke Streben nach Selbstständigkeit, das sie in den verschiedenen Situationen und Formen zum Ausdruck bringen möchten. Es ist nicht die physische Leiblichkeit, sondern es ist das darin Verborgene, das Achtung und Anerkennung fordert.

Wenn sie ein sehr hohes Maß an Zuwendung, Liebe und Aufmerksamkeit herausfordern, indem sie sich oft unbeholfen auf ihre kindliche Art deutlich bemerkbar machen und sich mit ihren zwei, drei Jahren bereits in die Gespräche der Erwachsenen einmischen und mitreden wollen, ja ihnen sagen, was sie zu tun haben, und zugleich auch fast unbeirrbar ihre eigenen Pläne durchsetzen, so ist das nur die eine Seite.

Die andere extreme Seite dieses Anspruchs auf Eigenständigkeit zeigt sich früh bei einigen in verschiedenen Formen der Abgrenzung. Dafür einige Beispiele:

Eine Mutter, die der Geburt ihres Kindes erwartungsvoll entgegengesehen hatte, erzählte mir: »Es war seltsam. Von Anfang an wollte sich dieses Kind nur widerstrebend anfassen lassen. Ich durfte es nur gerade an die Brust legen. – Dann war ich gespannt auf das erste Wort von ihm, vielleicht: Mama. Wissen Sie, was das erste Wort war? ›Nein!‹«

Eine andere Frau, die sich lange und sehnlichst ein Kind gewünscht hatte, berichtet von ihrem zweijährigen, sehr gesprächigen und agilen Sohn mit seiner auffälligen Eigenwilligkeit, er habe ihr gesagt, dass er nur wegen dem kleinen Nachbarmädchen auf die Erde gekommen sei. Sie, die Mutter, hätte er dazu nur gebraucht! »Ich kann mit diesem Kind nur wie mit einem Partner umgehen. Alles muss ich mit ihm besprechen und ihn mit entscheiden lassen. Anders geht es nicht.«

Zwischen einer Waldorferzieherin und ihrem Sohn – einem von drei Kindern –, dem sie viel Verständnis und mütterliche Liebe entgegenbrachte, musste sich ebenfalls schon früh ein solch partnerschaftliches Verhältnis aufbauen. Mit sechs Jahren sagte er eines Tages als Reaktion auf ihre mütterlichen Bemühungen: »Ich will nichts von dir. Ich will nur, dass du du selber bist.« Und zu ihrem verzweifelten Ausruf: »Ja, was soll ich denn noch für dich tun?« – »Sei du so wie *du* sein musst. Sei du nur du selbst, dann bin ich zufrieden.« Dazu sie selbst: »Solche Kinder kann man eigentlich im üblichen Sinne nicht erziehen. Man kann nur mit ihnen Vereinbarungen treffen, sie begleiten und aufpassen, dass ihnen nichts geschieht.«

Bei all diesen Phänomenen ist eine stark beschleunigte Individualisierung zu beobachten. So scheinen auch für den Waldorfpädagogen die bewährten Regeln, welche sich zum Beispiel aus den Sieben-Jahres-Rhythmen und der Temperamentenlehre ableiten, nicht mehr ohne weiteres anwendbar zu sein. Wie gesagt, das gilt für diese Kinder, die sich dann aber mit fortschreitendem Alter gemeinsam mit allen anderen unterrichten und erziehen lassen müssen.

Hier werden eben auch die Kreativität, Fantasie und Geistesgegenwart des Lehrers herausgefordert.

Verschiedene Typen

Bei aller Vielfalt der Verhaltensweisen lassen sich dennoch bestimmte Hauptgruppen erkennen, die sich aus der charakterlichen Grundveranlagung ergeben und sich auch bei Jungen und Mädchen verschieden ausprägen. Die bereits genannte Psychologin N.A. Tappe hat seit mehr als zwanzig Jahren diese Entwicklung verfolgt und beschreibt vier Grundtypen, die ich kurz charakterisieren möchte.[11] Sie nennt auch einige spezielle Lebensaufgaben, die sie als berufliche Richtung bei diesen Kindern beobachten konnte:

Der humanistische Typ:
Er ist hyperaktiv, außerordentlich gesellig, unterhält sich mit jedem jederzeit sehr freundlich. Diese Kinder haben sehr ausgeprägte Meinungen, sie stellen sich aber häufig sehr ungeschickt an, was ihren Körper betrifft. Oft spielen sie mit zahlreichen Spielzeugen gleichzeitig.

Der ideenorientierte Typ:
Das sind die auf Ideen ausgerichteten Indigos. Mit dieser Veranlagung liegt ihnen mehr an Projekten als an Menschen. Sie sind die zukünftigen Ingenieure, Architekten, Designer, Astronauten, Piloten und Offiziere. Sie sind nicht körperlich unbeholfen, sondern als Kinder sogar oft sehr sportlich, aber sie haben Probleme mit Kontrolle und versuchen, andere zu manipulieren. Wenn man es ihnen durchgehen lässt, hat man ein großes Problem. Dieser Typ

neigt im Teenageralter zu Suchterkrankungen, vor allem zu Drogen. Eltern müssen das Verhalten der Jugendlichen hier sehr sorgsam beobachten.

Der künstlerische Typ:
Da gibt es kleine Künstler und Künstlerinnen unter ihnen. Dieser Typ ist viel sensibler, oft kleinwüchsig, wenn auch nicht immer. Sie sind kreativ, vielleicht Lehrer, Künstler von morgen. Womit sie sich auch befassen – sie werden die kreative Seite davon bearbeiten. Im Alter zwischen vier und zehn Jahren können sie womöglich fünfzehn unterschiedliche Künste aufgreifen; sie befassen sich fünf Minuten mit einer Sache, dann legen sie sie wieder hin. Aber wenn sie dann zu Jugendlichen heranwachsen, greifen sie einfach ein Feld oder ein Bestreben auf und werden virtuos auf diesem Gebiet.

Der interdimensionale Typ:
Sie sind größer als alle anderen, und im Alter von ein, zwei Jahren können Sie ihnen schon nichts mehr sagen. Sie kontern dann: »Das weiß ich doch! Ich kann das allein! Lass mich!« Das sind diejenigen, die neue Philosophien und neue Religionen auf die Welt bringen werden. Diese Kinder können im Umgang besonders schwierig sein, weil sie sich noch weniger als die anderen drei Typen in unsere Gesellschaft einfügen.

Was kann man tun?

So beschreibt Tappe die vier Typen. In der Folge empfiehlt sie den Eltern, wie sie sich generell besonders bei den sehr selbstbewussten und furchtlosen Kindern verhalten können, wenn diese eigenwillig um jeden Preis etwas tun wollen: »»Nun erkläre mir doch mal, warum du das tun willst.

Komm, setzen wir uns hin und reden wir darüber. Was meinst du was passiert, wenn du das machst? Spielen wir es einfach einmal durch. Was meinst du, was wird passieren, wenn du das tust?!‹ Wenn das Kind Ihnen dann sagt, was dann seines Erachtens passieren wird, fragen Sie: ›Okay, wie würdest du damit umgehen?‹ Dann würde es Ihnen sagen, wie es darauf reagieren würde. – Sie müssen kleine Indigos so weit bekommen, das zu tun, ansonsten spielen sie nicht mit. – Von der Minute an, in der sie zu sprechen beginnen, reden Sie ganz offen mit ihnen. Bringen Sie sie dann dazu, die Dinge durchzusprechen. – Aber nicht von oben herab, denn sie respektieren den Menschen nicht nur, weil er älter ist! – Diesen Respekt müssen Sie sich als Erwachsene erst erwerben. Hören Sie diese Kinder einfach an. Folgen Sie Ihrem Instinkt und versuchen Sie, es aufzugeben, eine Autoritätsperson zu sein. Lassen Sie sich von den Kindern sagen, was sie brauchen, und erklären Sie ihnen dann, warum Sie es ihnen nicht geben können oder warum es in Ordnung ist, dass sie es bekommen. Und es erfordert wirklich nichts anderes als zuhören, das ist alles. Diese Indigos sind sehr offen.« – Aber sie sagt an anderer Stelle: »Eines ist ganz wichtig: Seien Sie konsequent in Ihrem eigenen Verhalten!«

Auch in den immer wiederkehrenden Situationen der eigenen Verzweiflung als Reaktion auf ihr ungewöhnliches Verhalten hilft der emotionale Ausruf »Was soll ich bloß mit dir machen?« gar nichts. Die Frage muss existenziell gestellt sein und eine wirkliche Antwort erwarten: »Sag mir, was soll ich mit dir machen?« Das Kind muss dann nachdenken können; vielleicht muss die Situation und die eigene Verfassung bzw. Verzweiflung noch eingehender beschrieben werden. Kommt dann keine Antwort, hilft man mit zwei oder drei Vorschlägen nach. Das bringt ihren zunächst blockierten Willen in Bewegung, denn sie wollen ja mit entscheiden. Wenn sie bemerken, ihre Ich-Tätigkeit wird zur Entscheidung aufgerufen, werden sie umgänglich und vielleicht bringen sie Lösungsvorschläge für den Umgang mit sich selbst, die erst im Gespräch entstehen.

Viele Eltern wenden sich mit Gebeten an den Engel des Kindes, indem sie sich möglichst bildhaft vorstellen, wie er das Kind mit seiner leuchtenden, weißgoldenen Gestalt schützend umhüllt und ihm alle stärkenden und helfenden Kräfte zuströmt. – Auch das Gebet mit Kindern, solange sie noch klein sind, gehört zu diesen Hilfen.

7. Die Botschaft der heutigen Kinder

Es ist mir ein Anliegen, ein paar Grundzüge zu nennen, mit welchen der Erziehungsberater und Kindertherapeut Henning Köhler einige dieser Kinder charakterisiert. Er ist seit vielen Jahren in dem von ihm begründeten »Janus Korczak Institut« bei Stuttgart mit seiner sorgfältigen Beobachtungsgabe und mit viel Liebe für diese Kinder beratend tätig. Mir erscheinen die von ihm gewählten Bezeichnungen der unterschiedlichen Typen mit ihrem poetischen Charakter sehr treffend und hilfreich für die eigene Wahrnehmung.

In einem Interview, das er im März 2001[12] gegeben hat, weist er mit der Frage: »Welche menschlichen Qualitäten sind heute in besonderem Maße bedroht?«, darauf hin, dass die Kinder, die jetzt unter uns sind und in der nächsten Zeit kommen werden, ein besonderes Interesse daran haben, eben diese Qualitäten zu retten, und fragt dann weiter:»Haben so genannte deviante Kinder in Wahrheit besondere Stärken, die mit den Mängeln unserer Zivilisation zusammenhängen?«

Seit Mitte der neunziger Jahre bemüht er sich, auf die besonderen Begabungen dieser Kinder aufmerksam zu machen. Den Begriff »unzeitgemäße Begabungsprofile« verwendet er, um zu sagen, dass die Zeit offenbar noch nicht reif ist, um zu erkennen, was da vorliegt:»Diese Kinder betreten die Erde tatsächlich so, dass man von ›abweichenden Wesensgliederkonfigurationen‹ sprechen kann. Aber diese Abweichungen sind als solche keineswegs krank, sondern kündigen einen Bewusstseinswandel an. Hereindrängende Zukunft prallt auf erstarrte gesellschaftliche und institutionelle Strukturen. Diese Strukturen sind Manifestationen einer Geisteshaltung, aus der heraus kein Verständnis entwickelt werden kann für das, was die neuen Kinder mitbringen. Die hieraus resultierenden Konflikte spitzen sich seit etwa fünfzehn Jahren rasant zu.«

Aus seiner praktischen Arbeit haben sich ihm auch vier Hauptgruppen von Kindern mit besonderen Eigenschaften ergeben, die ich hier etwas verkürzt nennen möchte. Seine phänomenologische Betrachtungsweise bietet eine wichtige Vertiefungs- und Verständnismöglichkeit und regt zu weiteren, eigenen Beobachtungen an.

Die Tröster- und Pflegerseelen

Er weist darauf hin, dass sich heute in jeder Schulklasse einige hoch sensible, schreckhafte, zartfühlende, überaus ›dünnhäutige‹ Kinder, meist Mädchen, finden, um die man sich Sorgen macht, weil sie so überaus schutzlos wirken. Er nennt als typische Verhaltenskennzeichen:»Schwellenängste (jede Situationsveränderung ist ein Horror), Versagensängste, Einschlafängste. Wegen ihres überstarken Bedürfnisses nach Absicherung gelten sie oft als Familientyrannen. Das kann sich zu einem regelrechten Kontrollwahn steigern. Sie legen ausgesprochenen Wert auf stimmungsvolle Rituale, sind sehr harmoniebedürftig, gehen am liebsten nie ohne Eltern irgendwohin und haben ständig Angst, dass irgendetwas Schlimmes passiert. Schaut man genauer hin, zeigt sich freilich: Sie haben nicht in erster Linie um sich selbst Angst, sondern um die anderen. Ihre ganze Sorge gilt dem Wohlergehen der Mutter, des Vaters, der Geschwister, aller nahestehenden Menschen. Auch Tiere sind in diese Überbesorgtheit eingeschlossen, sogar Pflanzen … Der hervorstechende Wesenszug dieser Kinder ist eine tiefe Mitleidskraft, ein ausgeprägtes Verantwortungsgefühl für andere, ja für alles, was lebt. Sie sind tief religiös gestimmt.« Dann weist er darauf hin, dass ihr sensitives Wesen ihnen keinesfalls zum Vorteil gereicht. »Sie ›hinterfühlen‹ (durchschauen wäre der falsche Ausdruck) jede Verhaltensmaske. Ein Lehrer mag noch so freundlich reden, noch so locker auftreten – ist er innerlich von Groll oder Traurigkeit erfüllt, *weiß* es das Kind mit dem Herzen ... und ist unglücklich, weil es nicht helfen kann. – Das sind die *Tröster- oder Pflegerseelen*. [...] Wir haben es hier mit einer Qualität zu tun, die in unserer Zivilisation rar geworden ist und andererseits so dringend gebraucht wird wie in einer Dürrzone das Wasser. – Wenn eine solche Wesensart ins Pathologische zu ›kippen‹ droht, etwa in eine behandlungsbedürftige Angstverfassung, dann resultiert dies aus dem quälenden Missverhältnis zwischen der seelischen Wärme dieser Kinder und dem frostigen Klima der Zeit. Sie frieren tief innen.«

Die Scouts, Späher- oder Sucherseelen

Diese Gruppe bezieht sich hauptsächlich auf die hyperaktiven Kinder. Neben den ›negativen‹ Symptomen, die ja allgemein bekannt sind, möchte er aber gern die Stärken nennen.

»Ein großer Tatimpuls zeichnet diese Kinder aus. Ein kreativer Tatimpuls, wohlgemerkt! Sie platzen vor Energie ... und man kann mit Händen greifen, wie der im Inkarnationsprozess waltende Wärme-Bewegungs-Impuls mit ungewöhnlicher Kraft durchschlägt, so als brächten diese Kinder als Grundlebensgefühl mit: ›Ich habe nur wenig Zeit und muss sooo wahnsinnig viel erledigen!‹ Hier liegt ein Über-Engagement der Ich-Kräfte vor, und zwar der höheren Ich-Kräfte. Das so genannte hyperaktive Syndrom ist eigentlich reine Lebensbejahung, reine Gestaltungslust: überschießende

Sehnsucht, *das Gute zu tun*. Der unbändige Tatendrang ist ja nur die eine Seite der Medaille. Hinzu kommt, dass die so genannten hyperkinetischen Kinder ein ausgeprägtes Kommunikationsbedürfnis haben. Sie sind ›Ur-Kommunikatoren‹ – spontan, erfindungsreich, mitteilungsbedürftig, freigiebig, in der Grundgeste jedermanns Freund. Nichts tun sie lieber, als andere zu beschenken ... Ihr Weltinteresse ist grenzenlos. Sie sind Abenteurer des Lebens – und wer dasselbe von sich behaupten kann, wird gut mit ihnen zurechtkommen. Freilich raubt uns ihre Risikobereitschaft manchmal den Atem ... – Sie haben große Vorliebe zu allen Dingen und Ereignissen, die heute aktuell sind. Zu Computern fühlen sie sich nicht nur hingezogen, sondern haben auch Geschick dafür. Hyperaktive Kinder sind kleine Anarchisten, das nimmt man ihnen übel ... ihre Risikobereitschaft erschreckt uns manchmal. Wer sie erziehen will, muss diesem freiheitsdurstigen Wesenszug grundsätzlich sympathisierend gegenüberstehen. Sonst hat man schlechte Karten.«

Er findet bei ihnen genau jene Attribute des ›Menschen der Zukunft‹, wie sie oft propagiert und gefordert werden: »hochflexibel, vielseitig, ideenreich, kommunikativ, technisch begabt, unternehmungslustig, risikobereit. Dennoch sind sie unbeliebt, denn es kommt eben noch ihre unangepasste, ›wilde‹ Seite hinzu, eine angeborene antiautoritäre Grundhaltung, verbunden mit hohem Gerechtigkeitssinn ...

»Wer genau Acht gibt, wird telepathische Fähigkeiten bei ihnen entdecken. Ja, sie wissen von Gesprächen, an denen sie nicht teilgenommen haben, und zuweilen geben sie Antworten auf Fragen, die man ihnen gerade stellen wollte ... Aber sie haben, wenn ich mich nicht irre, auch feinste ›atmosphärische‹ Wahrnehmungsmöglichkeiten, verbunden mit einem gesteigerten Gedankensinn, der nicht mehr unbedingt auf sprachliche Übermittlung angewiesen ist. – Ich nenne sie Scouts, Späher- oder auch Sucherseelen. Sie sind ausgesprochene Führernaturen, die sich ganz in ihrem Lebenselement befinden, wenn sie vorangehen und unbekanntes Gelände ausspähen dürfen – für andere! – Das ist ein Bild.«

Henning Köhler beschreibt unsere Kultur als eine Angstkultur und vergleicht:»Die Trösterseelen treten an, um sich der Angst zu stellen und sie gleichsam von innen her zu verwandeln. Aber wir brauchen auch Persönlichkeiten, die, statt im Trott mitzumarschieren, zu unbekannten geistigen Ufern aufbrechen wollen, und zwar so, dass sie dabei von dem tiefen Bedürfnis geleitet sind, andere Menschen teilhaben zu lassen an dem, was sie erkunden. Das Zeug dazu haben die Sucherseelen.« – Dann beschreibt er die Kinder einer dritten Gruppe:

Die Poetenseelen oder Märchenlandfahrer

Gerade bei dieser dritten Gruppe greift er noch einmal den Begriff»unzeitgemäße (zukunftsweisende) Begabungsprofile« auf, weil diese *Poetenseelen* oder *Märchenlandfahrer* oft als pathologisch introvertiert, extrem verträumt, kontaktscheu, unkonzentriert gelten und für sie die»hübsche Diagnose ›ADS (Aufmerksamkeits-Defizit-Syndrom) ohne Hyperaktivität‹ oder auch ›Hypoaktivität‹« verwendet wird. – Dann beschreibt er ihre imponierende bilderzeugende Fähigkeit:

»Eine unglaubliche imaginative Kraft kommt zum Vorschein, wenn man näher mit ihnen bekannt wird. Bei entsprechender Anregung schöpfen sie wunderbare, stimmige Märchenbilder aus sich, verfügen über ein unerschöpfliches Reservoir an Geschichten. Ihr Kapital ist ihre Fantasie. Früh schon bewegen sie tiefe Fragen in sich, sinnen über den Tod nach, über das Scheitern, die Unendlichkeit und so weiter. Erzählt man von Elementarwesen, sind sie offensichtlich genau im Bilde. Die Märchenlandfahrer haben oft unsichtbare Gefährten, mit denen sie ganz selbstverständlich verkehren. Sie sind ausgesprochene Seelenexperten, wirklich: prädestinierte Psychologen. Das Genie der Poesie geht in unserer Zeit verloren. Und was geschieht? Die Poetenseelen strömen herein.«

Bewahrer oder Hüter der Wirklichkeit

Diese bezeichnet er als Kinder mit »hoher Intelligenz, die aber trotzdem in der Schule versagen. Nur wenn sich das Lernen ganz am praktischen Leben orientiert, sind sie in der Lage, ihre geistigen Fähigkeiten zur Entfaltung zu bringen. Ein solches Kind kann Nähmaschinen reparieren, kennt sich mit Automotoren aus, lernt im Nu das Schreinerhandwerk, versteht mühelos Bastelanleitungen oder Bedienungsanleitungen für Geräte des täglichen Gebrauchs ..., aber noch nicht einmal das kleine Einmaleins sitzt richtig!« Mit ihren Fähigkeiten, so schließt Henning Köhler ab, tragen diese »Hüter der Wirklichkeit ein Anliegen in die Welt herein, welches nicht nur in der Schule zu beherzigen uns allen zugute käme.«

Stellt man diese hier geschilderten Eigenschaften der Kinder denen gegenüber, die heute in unserer Zivilisation oder unserem Berufsleben vorherrschend sind und in unserem heutigen Schulsystem noch immer gepflegt werden, so wird man allein durch diese knappe Beschreibung von Eigenschaften unschwer den Eindruck gewinnen, dass mit diesen Kindern etwas auf die Welt kommt, was dringend erforderlich ist und wieder zu einer Vermenschlichung unserer Kultur beitragen kann, so wie es von Henning Köhler immer wieder ins Gespräch gebracht wird. Ja, man kann sogar den Eindruck haben und sich die Frage stellen: Wird hier ein verborgener Plan sichtbar, der wie aus der Zukunft kommend in unsere immer chaotischere Gegenwart vermenschlichend hineinwirkt und zu dem jedes dieser Kinder mit seinen besonderen Fähigkeiten einen Beitrag leisten möchte? Drückt sich das vielleicht auch gerade in der frühen großen Entschiedenheit aus, mit der diese Kinder ihrer Aufgabe entgegenstreben und die sie mit großer Ungeduld zur Geltung bringen wollen, auch wenn es noch nicht ganz klar ist, in welcher Form und an welcher Stelle unseres gesellschaftlichen Lebens ihnen das möglich sein wird?

Offensichtlich sind hier Entwicklungen im Gange, die sich nicht allein aus der äußeren Zivilisations- und Kulturentwicklung erklären lassen.

Diese nuancenreiche Beschreibung gewisser Grundverhaltensweisen durch die mitgebrachten Begabungen bietet noch einmal einen anderen Zugang zum inneren Wesen dieser Kinderpersönlichkeiten mit ihren Erneuerungs- und Ausgleichsimpulsen, die sie in unsere Zivilisation hereinbringen wollen. Denn durch die üblichen, nur pathologischen Begriffskategorien wird der Blick auf ihr eigentliches Wesen zunächst einmal verstellt.

Es war mir wichtig, diese durch viele Jahre gewonnenen Erkenntnisse an dieser Stelle in die phänomenologische Anschauung mit einzubeziehen, da sie meines Wissens noch wenig in Veröffentlichungen berücksichtigt werden.

8. Neurophysiologische Aspekte

»Es ist der Geist, der sich den Körper baut.«
F. Schiller

Ehe ich mich der Frage zuwende, was das nun für Seelen sind, die immer zahlreicher in unsere Zivilisation hereinstürmen, möchte ich zunächst kurz auf die neurophysiologisch orientierte Bewusstseinsforschung eingehen, die eine immer bedeutendere Rolle für das Verständnis des Menschen spielt – in welchem Sinne auch immer. Ich habe mich in einer früheren Schrift eingehender damit auseinandergesetzt.[13]

1990 nannte der Präsident der Vereinigten Staaten neben der Erforschung des Weltraums eine weitere wichtige Aufgabe: Er rief dazu auf, das letzte Jahrzehnt – die neunziger Jahre – zu dem »Jahrzehnt der Erforschung des Gehirns« zu machen. Die Erforschung des Bewusstseins ist aber zugleich mit der Suche nach dem Ich verbunden. Die genaue Frage ist also: »Was ist das Ich und wo ist das Ich zu finden?« – Es ist nicht ohne Bedeutung, dass mit dieser Aufgabenstellung zunächst die Auffassung vertreten wird, dass das menschliche Gehirn der Sitz der Persönlichkeit und der Seele – und damit auch das eigentliche Zentrum des Menschen ist, also das, was den Menschen zum Menschen macht.

Durch verfeinerte Messmethoden ist es heute möglich, neuronale Funktionen, die durch Gedanken und Gefühlsvorgänge hervorgerufen werden, in speziellen Gehirnpartien zu lokalisieren und ihre Aktivität zu messen. Auch verschiedene Bewusstseinszustände lassen sich elektronisch aufbereitet bis in feinste Erregungszustände verfolgen und am Monitor ablesen.

Eine Frage bleibt dabei jedoch noch immer unbeantwortet: Ist Gehirnfunktion gleich Bewusstsein? 1993 kamen im kalifornischen San Diego 20.000 (!) Wissenschaftler zu einem Symposium zusammen, um die bereits erforschten Daten über das menschliche Gehirn zusammenzutragen. Der Frankfurter Philosoph Thomas Metzinger schrieb dazu, die Lösung des Bewusstseinsrätsels komme einer wissenschaftlichen Revolution erster Ordnung gleich, die größere gesellschaftliche und kulturelle Auswirkungen hätte als jede andere theoretische Umwälzung zuvor. Seitdem ist eine unübersehbare Fülle weiterer Gehirnfunktionen erforscht worden. So nennt der Göttinger Neurologe Gerald Hüther »das Gehirn ein plastisches Organ, das sich, je nachdem, wie es genutzt wird, unterschiedlich formt. – Vor allem im vorderen Bereich, dem frontalen Kortex, verschalten sich Nervenstränge zu dem, was das Selbstbild und die Persönlichkeit eines Menschen ausmachen. Diese Region steuert Impulse und Emotionen, hilft Angst, Wut, Ärger und Verzweiflung zu kontrollieren. Bei vielen hyperaktiven Kindern ist sie nicht besonders gut entwickelt.«[14] Dann fällt es den Betroffenen schwer, ihre Aufmerksamkeit gezielt aufrechtzuerhalten, ohne sich von ablenkenden Reizen stören zu lassen. Allerdings gelingt es zwei Drittel der Betroffenen mit zunehmendem Alter, d.h. beim Erwachsenwerden, diese Störungen unter Kontrolle zu bekommen.

Ist es jedoch allein das Gehirn, welches sich selbst reguliert, oder ist es eine überphysische, autonome Kraft, welche hier strukturierend und harmonisierend eingreift? – Aus den Ausführungen an späterer Stelle wird sich ergeben, dass genau im vorderen Stirnhirnbereich die persönlichkeitsprägende Kraft des menschlichen Ich gestaltend und erneuernd tätig ist.

Das Gehirn organisiert sich neu

Auf dem Gebiet der evolutionären Veränderung des Gehirns wurde seit etwa zwanzig Jahren eine rasante Beschleunigung festgestellt, welche auch für die Beurteilung der besonderen Verhaltensphänomene der Kinder eine wichtige Rolle spielt.

In einem öffentlichen Vortrag in Stuttgart wies Henning Köhler auf die Arbeit des Münchner Instituts für rationelle Psychologie[15] hin. In einer Längsschnittuntersuchung, die bis in das Jahr 1965 zurückgeht, kamen die Forscher zu dem Ergebnis, dass »die Gehirne der Menschen sich mit zunehmendem Tempo so stark verändern, dass wir in fünfzig Jahren andere Menschenleiber haben werden, die aufgrund anderer Gehirnstrukturen anders denken, anders empfinden und anders handeln werden«. Zu einem ähnlichen Forschungsergebnis kommt ein Forscher des Frankfurter Max-Planck-Instituts: »Das Gehirn organisiert sich neu und verarbeitet eingehende Signale anders.«

Es ist leicht einzusehen, dass diese Veränderungen im Zusammenhang mit unserer ganzen Kultur und anderen Umwelteinwirkungen stehen. Doch es gibt immer mehr Erkenntnisse dahingehend, dass es in diesem Gestaltungsprozess von frühester Kindheit an nicht das Gehirn allein ist, welches sich nur reaktiv selbst plasticiert, sondern es wird in diesem Prozess etwas wirksam, was zunächst nur als geistig von außen wirkender Faktor selektiv mitgestaltend tätig ist. Auf diese Tatsache wird sowohl von psychologischer wie neurologischer Seite zunehmend aufmerksam gemacht.

In eine einfache Formel hat diese Erkenntnis der bekannte Neurowissenschaftler und Bewusstseinsforscher Sir John Eckles gebracht: »Es ist ein autonomes Geistiges, welches sich sein Gehirn selbst formt.«

Damit ist aber weder gesagt, was dieses autonome, d.h. von zerebralen Funktionen zunächst unabhängige Geistige ist und woher es stammt, noch wie es in den materiellen biochemischen Gestaltungsprozess eingreift. Nachweisbar sind nur die Wirkungen. – Gibt es eine Verständnisbrücke dazu?

Größer als das Ich

Wir stoßen hier an eine Grenze, die den Übergang von der sinnlichen zur übersinnlichen Beobachtung markiert. Diese entzieht sich der instrumentellen Messbarkeit und ist nur noch der direkten inneren Wahrnehmung von Bewusstseinsvorgängen zugänglich. Es ist zunächst die innere Ich-Tätigkeit, welche in aller seelischen Entwicklung als etwas unmittelbar Wirksames beobachtet werden kann und die leiblichen Funktionen mitgestaltet.

Wer sich dieser inneren *Ich-Aktivität* bewusst wird, kann in ihr auch die ganz besonderen Impulse entdecken, welche den unsterblichen geistigen Kern seiner Individualität ausmachen. Hierbei handelt es sich um etwas anderes als die Instanz, die jeweils als entwicklungsbedingtes und situationsbezogenes *Ich-Gefühl* erscheint.

Der Physiker James Maxwell sprach diese Eigenbeobachtung auf seinem Sterbebett aus: »Was von dem so genannten Ich vollbracht wird, das vollbringt – das spüre ich – in Wirklichkeit etwas in mir, das größer ist als das Ich.« – Manchmal werden erst kurz vor dem Tod solche Erkenntnisse gewonnen, davon hatte auch der achtjährige Flavio gesprochen.

Die Suche nach dem Ich gehört, wie gesagt, zu den Aufgaben der genannten Bewusstseinsforschung. Eines wurde jedoch bereits als gesichert festgestellt: Es gibt kein Areal des Gehirns, wo dieses Ich zu finden ist! – Es ist immer nur der Abdruck eines größeren Ganzen in dem individuell strukturierten Gehirn, denn es ist ja ein von diesem ›unabhängiges autonomes Geistiges‹, und eine Forschung, welche ihre Untersuchungen nur auf die materielle Ebene beschränkt, kann dieses auch nicht finden.

Die geisteswissenschaftliche Forschung verfolgt nun dieses Ich auf seinem Weg in die physisch-leibliche Existenzform zurück in die auch von vielen Kindern geschilderten geistigen Dimensionen vor der Geburt bzw. Empfängnis und weiter zurück bis in frühere irdische Daseinsformen. Was dann beim heutigen Menschen jeweils als Ich immer früher und deutlicher *erlebt* wird, ist dann der ›Extrakt‹ aus diesen früheren Lebenserfahrungen und den speziellen, neu mitgebrachten Impulsen und Aufgaben für die jeweilige Zeitsituation im neuen Leben.

Die Seele gestaltet den Körper mit

Es hilft, die Mitgestaltung der Körperbildung durch die Seele in den frühen embryonalen Zellstadien zu verfolgen, wie das durch neuere Forschungen möglich ist. Man kann ahnen, wie in der stufenweisen Gestaltbildung des Menschen eine für das Physische unsichtbare Kraft von außen eingreift, die an den Wirkungen abgelesen werden kann.

Diesen Menschwerdungsprozess hat Professor Johannes Rohen durch jahrzehntelange Arbeit im Rahmen seiner ›Funktionellen Anatomie‹ erforscht.[16] Er hat anhand der geisteswissenschaftlichen Angaben Rudolf Steiners versucht nachzuweisen, wie die Mitwirkung des Seelischen am embryonalen Entwicklungsprozess des Leibes durch die morphologische Betrachtungsweise erkennbar werden kann.

Es ist ebenso spannend, aus rein geistiger Sicht den ganzen Prozess der Verwandlung der noch ungeborenen Seele zu verstehen, welchen sie durch Empfängnis und Geburt hindurch bis zur Bewusstmachung im Leibe durchmacht. Er wird an einer späteren Stelle dargestellt werden.[17]

9. Die individuelle Seite

Wenn man der Frage nachgeht, was denn die Seele als das ›autonome Geistige‹ ist, bzw. wie jener ›Extrakt‹ aus früheren Lebenserfahrungen zustande kommt, der sich letztendlich den Körper und das Gehirn individuell gestaltet, findet man eine Antwort durch die von Rudolf Steiner vermittelten geisteswissenschaftlichen Einsichten. Die Herkunft und das Wesen dieser Seele kann manche Eigenschaften und Verhaltensweisen bestimmter Kinder erklären helfen. Es wird beschrieben, wie die Menschen, die schon viele Male auf der Erde inkarniert waren, in der geistigen, vorgeburtlichen Welt etwas durchgemacht haben, was in früheren Zeiten in den so genannten Mysterienstätten noch auf der Erde stattgefunden hat. Dort sind die Menschen ›eingeweiht‹ worden in die Geheimnisse von Geburt, Leben und Tod. Das waren die Ausbildungsorte der damaligen Zeit, wo von ihnen nicht nur Wissen, sondern Weisheit erlangt wurde, damit sie mit dem Leben umgehen und als Lehrer, Baumeister, Ärzte, Heiler wirken können. Durch viele Stufen der Schulung und Einweihung mussten sie Kenntnisse erwerben, um diese im praktischen Leben auch anderen Menschen zu vermitteln. Über diese früheren ›Einweihungen‹ und Belehrungen wird gesagt, dass diese Kinder heute schon belehrt auf die Erde kommen: »Das ist es eben, dass zwischen unserer Zeit und zwischen der alten Zeit in Bezug auf diese Dinge ein bedeutsamer Wendepunkt in der Menschheitsentwicklung liegt … Wir leben eben nach jenem Wendepunkt der Menschheitsentwicklung, in dem die Sache anders geworden ist. Dasselbe, was dazumal der Mensch zwischen der Geburt und dem Tode durch die Mysterien gelernt hatte, das lernt er heute, bevor er durch die Empfängnis oder Geburt in einen physischen Leib herabsteigt. Er lernt es nach seinem Karma, nach den Vorbereitungen in einem früheren Erdenleben.«

Was sie mitbringen

Nichts geht also verloren, was in früheren Daseinsformen erworben wurde: Es kommt in einer verwandelten Form wieder zur Erscheinung und bildet die Grundlage für neue Entwicklungsmöglichkeiten.

Das heißt für uns, die Kinder sind in der Lage, auch schon vor der Geburt eine spezielle Weisheit und entsprechende Impulse aufzunehmen, die sie dann der besonderen Zeitsituation entsprechend verwirklichen wollen. Auf dieses Phänomen der Entsprechung hat auch Henning Köhler in seinen Darstellungen hingewiesen. Bei Steiner heißt es weiter (GA 203, S. 99): »So etwas muss man heute voraussetzen, wenn man dem Kinde gegenübertritt. Man hat heute nicht mehr die Aufgabe, in das Kind gewissermaßen hineinzugießen, was in alten Zeiten in es hineingegossen werden musste. Man hat heute die Aufgabe, sich zu sagen: Das Kind ist belehrt, es hat nur seinen physischen Leib um die belehrte Seele herumgelegt, und es muss durch die Hülle durchgedrungen werden. Es muss das herausgeholt werden, was vorgeburtliche Götterbelehrung ist. – So müssen wir heute pädagogisch denken.

Wenn wir im Sinne wirklicher anthroposophisch orientierter Geisteswissenschaft denken, so ist uns klar, dass wir im Grunde durch allen Unterricht nichts anderes tun können als die Hindernisse hinwegräumen, die sich vorlagern vor dem Herauskommen dessen, was das Kind in sich hier in die Welt aus dem vorgeburtlichen Leben mitbringt.«

Kinder, unsere Lehrmeister

Das sollte nun auch die Haltung des Lehrers mitbestimmen; in den Bemerkungen der beiden Kinder Elfi und Flavio finden wir den Hinweis auf die besondere Rolle der Erwachsenen. Der bereits zitierte Pädagoge Robert Ocker hat ebenfalls erfasst, worauf es bei diesen Kindern ankommt: »Wir müssen ihnen helfen, ihre eigene Wahrheit zu finden.«

Das erfordert aber einen anderen Blick, als wenn man nur auf die biologisch bedingte kindliche Entwicklungsstufe hinschaut. Eltern und Erzieher müssen den Sinn dafür entwickeln, inwiefern diese Kinder ihre eigene Wahrheit mitbringen und dadurch vielleicht auch schon weiser sind als der Erwachsene, dem sie gegenüberstehen. – So kann der heutige Lehrer immer die Frage haben: Könnte es nicht sein, dass diese Kinderseelen, diese ›Iche‹, die da in diesen noch unvollkommenen Leibern vor mir sitzen, viel weiter, viel reifer sind, als ich selbst als Lehrer? – Das Gleiche gilt natürlich auch für die Eltern.

Das kann sich in der Praxis als eine entscheidende Haltung erweisen, welche von diesen Kindern auch gespürt wird. Es wäre eine gesunde Grundlage, auf der sich ein Vertrauensverhältnis bilden kann, und es regt auch zu anderen pädagogischen Einfällen an. Dieser Haltung steht jedoch die bisher immer noch vorherrschende Anschauung gegenüber, dass das Kind zwar mit körperlichen Erbmerkmalen ausgestattet ist, aber doch wie ein unbeschriebenes Blatt erst durch Einprägung zu einem funktionierenden Menschen wird.

Der Lehrer, in dem dagegen die Frage nach der verborgenen Individualität des Kindes lebendig ist, wird dann nicht nur auf den Inhalt seines Unterrichts achten, sondern verstärkt durch die Art und Weise, den Rhythmus und durch das Heilsame seines Unterrichtsstoffes zu wirken versuchen. So kann die Kinderseele selber sich immer besser mit dem werdenden Leib identifizieren und ihr individuelles Wesen zum Ausdruck bringen, wie bereits beschrieben wurde.

Mit diesen Erkenntnissen wird das autonome Geistige berücksichtigt, welches den Körper auf jeder Stufe der Entwicklung mitgestaltet.

Viele Male auf der Erde

In Gesprächen mit Eltern, die mit dem Gedanken der Reinkarnation vertraut sind oder selbst Erfahrungen auf diesem Gebiet haben, taucht öfters die Frage auf: »Handelt es sich hier um alte oder junge Seelen?«

In den eben zitierten Ausführungen wird deutlich, dass es sich häufig um Menschen handelt, die schon viele Inkarnationen auf der Erde durchgemacht haben und sich daher schnell, fast stürmisch, in unsere Zeit hineinfinden. Oder sie bringen schon als ›kleine Eingeweihte‹ eine gewisse Weisheit mit, welche den Nöten unserer Zeit etwas entgegensetzen kann, denn sie haben auch in der Zeit zwischen dem letzten Tod und ihrer jetzigen Geburt starke zusätzliche Impulse für das neue Leben in sich aufgenommen. Das häufig genannte frühe Wissen um ihre Aufgabe oder Mission könnte der Ausdruck für die ›vorgeburtlichen Belehrungen‹ sein, von denen hier gesprochen wurde.

Es gibt einen weiteren Hintergrund für die frühe Bewusstheit und das erstaunlich reife innere Wesen dieser Kinder, der durch sie selbst in vielen Erzählungen zum Ausdruck kommt: Es ist die bildhafte Rückerinnerung an ein oder mehrere Leben, die sie auf der Erde durchgemacht haben und wovon das letzte erst kurze Zeit zurückzuliegen scheint. Ich möchte das an dem Beispiel einer jungen Frau – Studentin der Psychologie – erläutern, welche die Erfahrungen ihrer Kindheit und Jugend beschreibt.

Geboren wurde sie in den siebziger Jahren. Mit ihrer hohen Sensibilität als Kind und junges Mädchen erwies sie sich als außerordentlich empfindsam und mitfühlend mit ihrer Umgebung, mit Menschen, Tieren, Pflanzen, ja der ganzen Erde. In einer bildhaften Vision erlebte sie die Bedrohung der Menschheit sowie die mögliche Zerstörung des Planeten und zugleich ihre Aufgabe, einzugreifen, um bei der Rettung mitzuhelfen. Außerordentlich poetisch veranlagt schrieb sie viele Gedichte und Geschichten und malte, was sie erlebte. – Eine ganze Skala von Eigenschaften zeigte sich bei ihr, welche wir sowohl bei der Gruppe der so genannten »Tröster- und Pflegerseelen« als auch bei den »Poetenseelen« geschildert finden. – Das sind die realen Mischungen, die in der Lebenswirklichkeit auftreten.

Das starke Mitgefühl mit allem Lebendigen führte sie später zu einem sozialen Engagement vor allem in der Tierschutzbewegung. Das Verhältnis zu ihrem Körper war stark von dem inneren Erleben geprägt, Mensch zu sein und nicht nur Frau. Dazu sagt sie:»Ich bin Mensch, ich bin ›Wesen‹, ich habe in mir Männliches und Weibliches und vieles mehr, aber ich bin Mensch, und das heißt, ich bin alles; aber ich bin nun in einem weiblichen Körper und von außen eine Frau, und innen bin ich u.a. auch eine Frau. Mir ist es aber unendlich wichtig, mich als Mensch zu sehen und nicht nur als ein geschlechtliches Wesen.«

Im Laufe ihrer Entwicklung machte sie die Erfahrung, dass »dicht unter ihrer Oberfläche, im Körper verschlüsselt, ihr ganzes Sein und ihre Vergangenheit zu finden sind«. Diese wurde ihr schubweise in starken Bildern bewusst. Deutlich erlebte sie wiederholt, wie sie im letzten Leben als junger Mann in einem Konzentrationslager von zwei Wächtern zu Boden gedrückt und durch einen Kopfschuss getötet wurde. Ausgelöst wurde dieses Ereignis durch das Miterleben der brutalen Exekution vieler von ihr geliebter Menschen, welches sie zu einem verzweifelten und wütenden Anstürmen gegen die Wachen gebracht hatte. Später tauchten weitere Bilder von vorangehenden Situationen auf: der Abtransport in Lastwagen und einem Güterzug und der Anblick von Haufen getöteter Menschenleiber.

Die bewusst angenommene Konfrontation mit diesen Bildern und die Bejahung dieses Schicksals führte zu einer größeren Selbstwerdung und dem Erkennen, wer sie selber ist. Es traten dann noch weitere Bilder von zurückliegenden Inkarnationen auf.

So sah sie sich um die vorige Jahrhundertwende als etwa achtzehnjähriger junger Mann, wie sie auf dem Weg nach Amerika mit einem Schiff unterging. Dabei erlebte sie sich in einem verzweifelten Existenzkampf tief unter Wasser, wie sie gegen einen gewaltigen, mit Luftblasen durchmischten Strudel und den immer stärkeren Sog ankämpfte. »Dann pulste eine Energiewelle von den Beinen durch den Körper nach oben hinaus, verbunden mit einem tiefen Loslassen und dem Gefühl des Friedens.«

In der Folge der Auseinandersetzungen mit diesen in die geschichtliche Vergangenheit reichenden Erinnerungen erlebte sie sich auch als Freiheitskämpfer in einem Bauernaufstand im Kampf für die Rechte einer unterdrückten Menschengruppe und wurde in vorderster Linie auf Uniformierte losstürmend – auch wieder verhältnismäßig jung – durch den Schuss einer Kanonenkugel durch die Brust getötet. Im Laufe der Zeit traten noch andere Bilder einer Reihe früherer Leben auf, in denen sie sich sowohl in männlicher als auch in weiblicher Gestalt sah. Durch diese Bilder wurden ihr ihr eigenes inneres Wesen und ihre mitgebrachten Impulse bewusst, welche sich sowohl hinter ihrer Sensibilität als auch hinter ihrem unbeirrbaren sozialen Engagement verbergen. – Eine Quelle des ganz individuellen frühen, wenn auch sensiblen Selbstbewusstseins.

Erinnerung wird Bewusstseinskraft

Wie stark diese geistigen, lebensübergreifenden Erinnerungskräfte bei ihr wirkten, zeigt ein noch kürzer zurückliegender Inkarnationsversuch zwischen dem letzten Tod und diesem Leben: Sie hatte sich selbst eine nicht unkomplizierte Familiensituation ausgesucht und sagte: »Ich wollte unbedingt in diese Zeit und zu dieser Mutter. Aber das erste Mal wurde ich abgetrieben und erlebte diesen Vorgang in allen Einzelheiten mit.« Doch ihr Wille – als noch ungeborene Seele – blieb erhalten, weil sie unbedingt bei dieser Mutter wieder geboren werden wollte – die Mutter bestätigte diese Vorgänge dann aus ihrer Sicht.

Dieses Mal war es aber ein weiblicher Körper, und erst nach einer Zeit des inneren Ringens und einer tieferen Einsicht in sich selbst konnte sie dann diese Seinsform annehmen und sagte dazu: »Weil ich erst jetzt voll und ganz verstehen konnte, was es für ein Geschenk ist, in einem weiblichen Körper zu sein, und dass das in diesem Leben gut und ausgleichend für mich ist.«

Sie erlebte um das 21. Lebensjahr herum eine wirkliche Geburt des inneren Selbst in die Geborgenheit ihres nun weiblichen Körper hinein, durch dessen größere Durchlässigkeit sie sich festlich mit der ganzen Erde verbinden und ihren Lebensweg bewusst aufnehmen konnte.[18]

Warum erwähne ich das hier im Zusammenhang mit den neuen Kindern? Die wissenschaftlich gestellten Fragen: »Wie entsteht Bewusstsein?« und »Was ist das Ich des Menschen?« werden meines Erachtens nicht zu beantworten sein, wenn nicht die inneren Erlebnisse der Menschen und Kinder als eine ebenso wirksame Realität genommen und auf ihre Bedeutung hin geprüft werden, wie die neurophysiologischen Vorgänge. Besonders das Rätsel des so früh auftretenden hohen Ich-Bewusstseins der Kinder – wie auch jedes anderen Menschen – wird sich nicht erklären und erforschen lassen, ohne beide Aspekte zu berücksichtigen.

Zur Klärung dieser Fragen kann der Hinweis Rudolf Steiners beitragen, in dem er von den schon »eingeweihten« Kinderseelen spricht, die jetzt immer zahlreicher auf die Erde kommen und die schon viele Erdeninkarnationen so durchlebt haben, dass sie bereits eine erstaunliche Weisheit mitbringen – wie sie damit umgehen und sie mit anderen Menschen teilen können, ist eine andere Frage.

Wenn man sich in solche Erzählungen hineinlebt, kann man darin eine gewisse Gesetzmäßigkeit erkennen. Es ist nicht nur die größere Anzahl aktiv durchlebter Inkarnationen. Auch die in den letzten Jahrhunderten offensichtlich immer schnellere Abfolge von Inkarnationen kann ein Schlüssel zum Verständnis der Entstehung einer anders gearteten seelischen Verfassung dieser neuen Kinder sowie für ihre Verhaltensweisen werden.

Das hohe Selbstbewusstsein und der immense Eigenwille, der hinter der äußeren Revolte wirksam ist, können also ein Ausdruck sein für die dicht unter der Oberfläche liegenden Erinnerungen an frühere Leben, die in immer kürzeren Abständen durchlebt wurden. Dazu gehört bei vielen Kindern sicher auch das Erlebnis, bei einem kurz zurückliegenden Inkarnationsversuch durch Abtreibung zurückgestoßen zu werden, das als tiefer Vertrauensbruch empfunden wurde.

Könnte das nicht auch manche Verhaltensauffälligkeit, manche Ungeduld, manchen stur erscheinenden Eigenwillen bei vielen Kindern erklären, was dann als Revolte gegen die Erwachsenenwelt erscheint?

Die Kraft der Verwandlung

Diese ›karmische‹ Erinnerungsfähigkeit, die sich über vergangene Leben erstreckt, hat jedoch zwei Seiten. Sie ermöglicht eine umfassendere Einsicht in die langen und dramatischen

Werdeprozess dessen, was jeder Mensch als sein ganz individuelles und einmaliges Ich-Wesen in jedem Augenblick erlebt. Die Bilder zeigen ihm, wie seine Neigungen, seine Gefühle, seine besonderen Tatimpulse anderen Menschen gegenüber ihre Ursache in früheren Lebenserfahrungen haben. Dennoch darf er sich in diesem Leben nicht von ihnen beherrschen lassen und braucht eine besonders hohe Kraft, dieses Leben als ein ganz neues zu ergreifen und neue Denk- und Lebensformen zu erproben. Insofern war das Vergessen früherer Inkarnationen ein Geschenk, aber es verhüllte auch das Wissen um den Ursprung des eigenen geistigen Wesens.

Jetzt bringen immer mehr Kinder diese Erinnerungsfähigkeit mit oder sie wird im Laufe des Lebens durch besondere Ereignisse geweckt. Das fordert aber eine größere Erkenntniskraft heraus, um das, was in den früheren äußeren Lebenserfahrungen als jeweils neue Persönlichkeitseigenschaften erworben wurde, in diesem Leben als innere Fähigkeiten in Freiheit anzuwenden und den Bildcharakter abzustreifen. Dazu dient die in jedem Menschen vorhandene verborgene Kraft der Verwandlung. Sie wird in der Zeit zwischen dem Leben im Durchgang durch die Sphären der geistigen Welt erworben. Ist diese Zeit jedoch sehr kurz, kann es sein, dass die Seele wenig von dieser Kraft aufnehmen konnte.

Ist sie nun im Leben nicht ausreichend stark zur Verfügung, kann sich gerade das karmische Vergangenheitsbewusstsein außerordentlich hinderlich für die Entwicklung zeigen und sich z.B. als Bedrängung, seelische Unbeweglichkeit oder Eigensinn im sozialen Umgang geltend machen. Der Mensch bleibt dann ein Gefangener der eigenen Vergangenheit.

Die Erkenntnis dieser Problematik ist jedoch der erste Schritt, sie zu überwinden – und das liebevolle Verständnis des Mitmenschen eine unentbehrliche Hilfe.

10. Das neue Zeitalter der Bewusstseinswandlung

Seit Anfang des 20. Jahrhunderts wurde von geisteswissenschaftlicher Seite sowohl auf die bevorstehenden sozialen Umwälzungen als auch auf eine einschneidende Veränderung des Bewusstseins hingewiesen, die vor allem ab Mitte des 20. Jahrhunderts bei einer immer größeren Zahl von Menschen auf natürliche Weise in Form neuer Seelenfähigkeiten zur Erscheinung kommen. Dabei handelt es sich vornehmlich um die Umwandlung des abstrakten Denkens in eine bildhaftere, imaginative Vorstellungsart. Dazu gehört die Wahrnehmung der Ausstrahlung der Menschen als ätherische und seelische Aura, visionäre Einblicke in zukünftige Ereignisse, aber auch Bilder, die zumindest Erinnerungen an das letzte Erdenleben enthalten. Auf diese Veränderungen, die mit der neuen Wirksamkeit des Christus in der Erdensphäre zusammenhängen, müssen die Menschen aber vorbereitet sein, um mit Verständnis damit umgehen zu können. Darin liegt eine wesentliche Aufgabe der Geisteswissenschaft. Ohne diese Vorbereitung besteht die Gefahr, dass alle diese Phänomene nur als krankhaft beurteilt werden oder dass sie eine problematische ungesunde Entwicklung nehmen, wenn die wahren geistigen Ursachen nicht erkannt werden.[19] Dass genau dies jedoch geschieht, gehört als »Geburtswehen« zu den Symptomen unserer Zeit. Denn obgleich aus geisteswissenschaftlicher Sicht das erste Jahrhundert des »neuen, lichten Zeitalters«[20] bereits abgelaufen ist, sind die Geister der Finsternis besonders in den Gedanken der Menschen noch immer mächtig wirksam und verdunkeln ihre Köpfe.

Doch wem es gelingt, die eigenen Vorstellungsmauern zu durchbrechen, und wer mit offenen Augen und Ohren durch die Welt geht, wird bemerken, wie dieses geistig Neue in unzähligen Herzen und Häuptern sich Bahn bricht, zu leuchten und in der Menschenbegegnung zu wärmen begonnen hat. Da sich dieses Neue – wie immer in der Menschheitsgeschichte – oft chaotisch vollzieht, kann die Bedeutung dieser Vorgänge leicht verschlafen werden.

Bilder aus dem Leben vor der Geburt

Wir befinden uns mitten in dieser Entwicklung und erleben ihre hoffnungsvolle, aber auch gefährdete Seite. Die allmähliche Veränderung der abstrakten Denkfähigkeit zu einem immer bildhafteren Denken und Wahrnehmen ist ein Grundsymptom, das sich auf vielen Ebenen heute geltend macht. Die Leichtigkeit, mit der heute nicht nur Kinder, sondern auch viele Erwachsene sowohl Gefühle für frühere Inkarnationen haben als auch konkrete Bilder verhältnismäßig leicht erwecken können, ist nur eine Form des rasanten Bewusstseinswandels. Der veräußerlichte Ausdruck davon zeigt sich als Tendenz zu bildhaften Darstellungen aller Lebensvorgänge in der heutigen Kultur und kann im extremen Fall zur Bildersucht entarten. Das weist aber auf eine innere Anlage des Gegenwartsmenschen hin.

Zu dem Charakter der prognostizierten neuen Bewusstseinskräfte äußert sich Rudolf Steiner kurz nach der Begründung der Waldorfschule 1920.[21] Dort beschreibt er, es habe ein Wandel dahingehend stattgefunden, dass seit dem Beginn des 20. Jahrhunderts eine Zeit angebrochen sei, »in welcher die Seelen aus der geistigen Welt, indem sie durch die Empfängnis und die Geburt zum irdischen Leben heruntersteigen, sich Bilder mitbringen.

Bilder, wenn sie mitgebracht werden aus dem geistigen Leben in dieses physische Leben herein, müssen unter allen Umständen, wenn Heil für den Menschen und für sein soziales Leben entstehen soll, unbedingt sich mit dem astralischen Leib [das heißt mit der seelischen Organisation] verbinden, während sich das Bildlose nur verbindet mit dem Ich. [...] Jetzt aber beginnt die Zeit, wo der Mensch fühlen muß: In dir leben aus vorgeburtlichem Leben heraus Bilder, die mußt du in dir während des Lebens lebendig machen. Das kannst du nicht mit dem bloßen Ich, das muß tiefer in dich hineinwirken; das muß bis in den astralischen Leib hineinwirken.« Das heißt, es müssen diese Bilder so zum Bewusstsein gebracht werden, dass der Mensch daraus auch bewusst handeln kann.

»Nun ist es ja zunächst meistens so bei der Menschheit, daß sie widerstrebt diesem Hineinleben der vor der Empfängnis erlebten Bilder in den astralischen Leib. Die Menschen stoßen gewissermaßen das zurück, was sich aus den Tiefen ihres Wesens heraus in den astralischen Leib hineinleben soll. [...] Denn was da tief drinnen sitzt in der Kinderseele, das sind die in der geistigen Welt empfangenen Imaginationen. Die wollen herauf. Und wenn der Lehrer oder der Erzieher sich richtig zum Kinde verhält, bringt er ihm Bilder entgegen. Und indem der Lehrer Bilder vor das kindliche Gemüt hinstellt, zucken herauf aus dem kindlichen Gemüte diejenigen Bilder, oder besser gesagt, die Kräfte der verbildlichenden Darstellung, die empfangen worden sind vor der Geburt oder, sagen wir, vor der Empfängnis.

Wenn nun das unterdrückt wird, wenn der trockene Nüchtling heute erzieht und unterrichtet, dann bringt er schon von früher Jugend etwas, was schon eigentlich gar nicht dem Kinde verwandt ist, an das Kind heran: die Buchstaben. Denn die Buchstaben, wie wir sie heute haben, die haben nichts mehr mit alten Bilderbuchstaben zu tun, sind etwas dem

Kinde im Grunde genommen Fremdes, das erst aus dem Bilde herausgeholt werden sollte, so wie wir in der Waldorfschule versuchen, es zu machen. Man bringt das Unbildliche an das Kind heran; das Kind aber hat da in seinem Leibe Kräfte – ich meine natürlich die Seele, wenn ich jetzt vom Leibe spreche, wir sagen ja auch der ›Astralleib‹ –, das Kind hat in seinem Leibe Kräfte sitzen, welche es zersprengen, wenn sie nicht heraufgeholt werden in bildhafter Darstellung. Und was ist die Folge? Verloren gehen diese Kräfte nicht, sie breiten sich aus, sie gewinnen Dasein, sie treten doch in die Gedanken, in die Gefühle, in die Willensimpulse hinein. Und was entstehen daraus für Menschen? Rebellen, Revolutionäre, unzufriedene Menschen, Menschen, die nicht wissen, was sie wollen, weil sie etwas wollen, was man nicht wissen kann, weil sie etwas wollen, was mit keinem möglichen sozialen Organismus vereinbar ist, was sie sich nur vorstellen, was in ihre Phantasie hätte gehen sollen, da nicht hineingegangen ist, sondern in ihre sozialen Treibereien hineingegangen ist.«

Hier finden wir also eine Darstellung des Vorganges, wie sich ursprünglich gute, zeitgemäße Kräfte und Impulse in destruktive Formen umwandeln, die wir in vielfältigster Form auch in unserer Zeit entdecken können.

Sie spüren den Himmel in sich

Es heißt dann weiter: »Wenn heute die Welt revoltiert, da ist es der Himmel, der revoltiert, das heißt der Himmel, der zurückgehalten wird in den Seelen der Menschen, und der dann nicht in seiner eigenen Gestalt, sondern in seinem Gegenteile zum Vorschein kommt, der in Kampf und Blut zum Vorschein kommt, statt in Imaginationen. Es ist daher gar kein Wunder, wenn jene Menschen, die sich an solchem Zerstörungswerk der sozialen Ordnung beteiligen, eigentlich das Gefühl haben, sie tun etwas Gutes. Denn was spüren sie in sich? Den Himmel spüren sie in sich; er nimmt aber nur karikaturhafte Gestalt an in ihrer Seele. [...] Da sehen wir, wie in das soziale Leben dasjenige hineinschießt, was eigentlich aus dem vorgeburtlichen Leben stammt. Und wer die Zusammenhänge kennt, der weiß, daß er in dem, was hier auf der Erde in Karikatur erscheint, wiederum zu erkennen hat dasjenige, was eigentlich himmlisch ist.«

Hier sind natürlich nicht nur Bilder aus früheren Leben gemeint, sondern alle geistigen Impulse, welche, als Bilder aus der vorgeburtlichen Welt mitgebracht, in die körperliche Organisation hineinverwandelt werden und dann – im Leben – wieder ins Bewusstsein drängen. Es sind vielfältige Bilder geistiger Erlebnisse, die sich dort der Seele eingeprägt haben. Dazu gehören auch Bilder, die zu einer ›Lebensvorschau‹ gehören, in denen die Seele kurze Zeit vor der Geburt in großen Zügen ihre zukünftige Lebensaufgabe überblickt, wie auch solche, die in frühere Erdenleben zurückweisen und in denen die gegenwärtigen Tatimpulse veranlagt sind.

Eine Fülle solcher Angaben finden wir bei Rudolf Steiner vor allem seit 1910 mit dem stetig wiederholten Hinweis auf das *Neue Zeitalter,* in welchem diese Seelenfähigkeiten zur Erscheinung kommen, wie wir sie bei immer mehr Kindern beobachten können.

Gelingt ihnen das nun nicht, sich mit ihren Begabungen im konstruktiven Sinne einzubringen, kann es stufenweise zu immer extremeren Reaktionen kommen. Das heißt entweder völliger Rückzug nach innen oder wütende Ausfälle nach außen.

Noch eine andere Art von Kindern ist offensichtlich unter uns, deren Seelen aus weiteren kosmischen Dimensionen kommen. Es ist für das Normalbewusstsein sicher nicht leicht zu erfassen und es mag zunächst fantastisch klingen, was solche Kinder erzählen, ebenso wie die geisteswissenschaftlichen Aussagen über solche Wesen, die aus anderen kosmischen Dimensionen kommen. Dennoch, meine ich, ist es im Zeitalter des kosmischen Bewusstseins, in das wir nicht nur geruhsam hineingehen, sondern in das wir mehr oder weniger hineingeschleudert werden, sinnvoll, diese Aussagen als Denkmöglichkeiten einmal ernsthaft zu prüfen.

Sternenmenschen und Planetenseelen

»Warst du einmal auf dem Stern? Ich schon!«, sagte ein Mädchen während eines Spaziergangs. Diese Bemerkung bildet keine Ausnahme. Viele Kinder deuten an, dass sie aus der Ferne kommen, von einem anderen Planeten, »von dem Stern«. Oft geben sie kosmische Orte an, von denen sie vor der Geburt kamen, und beschreiben eine ganz andere Art der Kommunikation als hier auf der Erde, jenseits von Raum und Zeit. Ältere Kinder sprechen von großen Umwälzungen auf der Erde und davon, dass große Lichtenergien auf die Erde geschickt würden, und sie hätten selbst den Auftrag, Licht mit auf die Erde zu bringen, um bei der Verwandlung der Erde in einen neuen Bewusstseinszustand mitzuhelfen.

Ein Patient der amerikanischen Psychologin Helen Wambach[22] berichtet von seiner Erinnerung an die Aufgabe, die er vor der Geburt übernommen habe:»Es ist meine Aufgabe, anderen Seelen in der Übergangszeit von einer materiellen zu einer kosmischen Kultur zu helfen. […] Mein Ziel ist, in diesem Leben Kontakt mit den Brüdern im Kosmos aufzunehmen und die Ideen der westlichen medizinischen Wissenschaft mit der östlichen Heilkunst zusammenzubringen.«

Auch der amerikanische Therapeut Brad Steiger hatte häufig Kontakt mit Menschen, die er »Sternenmenschen« nannte. Er entdeckte dabei, dass sie einander sehr ähnlich waren, sogar körperlich, zum Beispiel eine besondere Blutgruppe besaßen. Viele von diesen Menschen hatten als Fünfjährige eine Erscheinung von einem über- oder außerirdischen Wesen, das sie beruhigte und ihnen versicherte, sie werden während ihres irdischen Lebens Hilfe und Leitung von oben erhalten. Einige durchlebten dann mit elf Jahren eine traumatische Erfahrung, durch die sie anfingen, sich mehr auf ihr Inneres zu konzentrieren. Sie empfanden sich dann durch diese außergewöhnliche Begabung innerlich so angetrieben, als hätten sie nur wenig Zeit, um ihre irdische Mission zu erfüllen. Unabhängig voneinander hörten sie eine innere Stimme, die ihnen sagte: Jetzt ist die Zeit gekommen.

Könnte es sein, dass es sich bei vielen solcher heute unter uns lebenden, zum Teil schon erwachsenen Menschen um Seelen handelt, die aus ganz anderen kosmischen Dimensionen kommen? Wäre es möglich, dass auch unter ihnen solche Wesen sind, die noch durch keine irdische Inkarnation gegangen sind, weil sie im geistigen Umkreis anderer Planeten gelebt haben und jetzt in den großen Umbrüchen unserer Zeit mit einer besonderen Aufgabe auf die Erde kommen?

Gerade viele dieser Kinder, die es nicht leicht haben und lange brauchen, sich in ihren Körper und die physische Umwelt hineinzufinden, sprechen häufig von Erlebnissen auf anderen Planeten, wie auch der argentinische Junge Flavio.

Überirdische Wesenheiten

Ob es sich dabei um solche Kinder handelt, kann nur die konkrete Beobachtung und Forschung herausfinden. Schon im Mai 1921[23] wies Rudolf Steiner darauf hin, dass bereits seit Ende der achtziger Jahre des 19. Jahrhunderts ein bedeutsames Ereignis stattgefunden habe: »Geisteswesen wollen herunter ins irdische Dasein, und sie sollen empfangen werden. Erschütterung über Erschütterung wird es geben, und zuletzt müsste das Erdendasein in das soziale Chaos einmünden, wenn diese Wesenheiten herunterkommen und das Menschendasein nur Opposition gegen das Herunterkommen dieser Wesenheiten wäre. Nichts anderes wollen ja diese Wesenheiten, als die Vorposten sein für dasjenige, was mit dem Erdenleben geschehen wird ...«[24]

Gewiss, vielleicht ist es nur eine kleinere Zahl solcher Kinder, die heute zum Teil schon erwachsene Menschen sind und unter uns leben. Wenn wir jedoch die ungewöhnlichen und genialen, bis ins Magische gehenden Fähigkeiten zur Kenntnis nehmen, die z.B. bei einigen Tausend chinesischen Kinder entdeckt wurden und auch systematisch trainiert werden, so kann diese Beschreibung nicht mehr ganz so ausgefallen erscheinen.

Sie kann auf jeden Fall unser Unterscheidungsvermögen schärfen und unseren Blick noch einmal wacher machen für das Doppelwesen *aller* Kinder. Diese stehen uns ja erst einmal in ihrer physisch-leiblichen Gestalt gegenüber und lassen uns aber das unsichtbar Geistig-Seelische zumindest fühlen, was immer es sei.

Ein weltweites Phänomen

Das ungewohnte Verhalten der Kinder unserer Zeit kann auch ganz allgemein das Interesse für das Wesen der menschlichen Doppelnatur wecken, denn die hier besprochenen Kinder werden weltweit entdeckt, wenn auch mit durchaus unterschiedlichen Eigenschaften und Ausdrucksformen, je nach der menschlichen und kulturellen Umgebung, in der sie aufwachsen. Ein weltweites Bewusstsein unsererseits ist jedoch erforderlich, wenn wir in einer globalisierten Welt über die Kinder einer neuen Zeit sprechen und das Phänomen als solches verstehen wollen.

Der führende chinesische Raketenexperte Quian Xuesen, der lange Zeit für die amerikanische Rüstungsindustrie arbeitete, hat in China eine eigene Organisation und ein Trainingsprogramm für solche außergewöhnlich begabten Kinder entwickelt. Es sind wie gesagt einige Tausend, und sie befanden sich zur Zeit der Gründung dieser Organisation etwa im zwölften Lebensjahr. Sie besitzen in der Tat übermenschlich erscheinende Fähigkeiten, mit denen sie nachweislich die materiellen Gegebenheiten von Zeit und Raum außer Kraft setzen können.[25] Sie sind in der Lage, nicht nur durch Wände zu sehen, Gegenstände aus geschlossenen Gefäßen zu transportieren, wissen buchstäblich alles, sondern können Pflanzen beschleunigt zum Wachsen, Knospen innerhalb kurzer Zeit zum Blühen bringen und andere Dinge mehr.

Sie haben auch die Fähigkeit, durch bestimmte Experimente bis in molekulare Strukturen der belebten Materie hineinzuwirken und diese zu verändern. Quian Xuesen sagte: »Die Wissenschaft, die sich mit dem menschlichen Körper befasst, mag im 21. Jahrhundert zu einer neuen menschlichen Revolution führen, die größer sein könnte als die Umwälzungen, die Quantenmechanik und Relativitätstheorie im frühen 20. Jahrhundert herbeiführten.« Und er fragt: »Wer unter uns wird mit zu den Begründern dieser zukünftigen Revolution gehören?« Das von ihm gestartete Programm wird auch von der chinesischen Regierung – wenn auch nicht ohne Widerspruch anderer Wissenschaftler – gefördert. Hier liegt allerdings auch die große Gefahr des Missbrauchs der Kräfte dieser Kinder, wenn sie für wirtschaftliche und militärische Zwecke eingesetzt werden.

In einer anderen Untersuchungsreihe haben US-Wissenschaftler der Universität UCLA (University California of Los Angeles)[26] zum Beispiel bei neugeborenen Kindern, bei denen der AIDS-Test positiv ausfiel, wenige Jahre später bei einer Nachkontrolle festgestellt, dass sie vollkommen AIDS-frei waren. Manche dieser Kinder wurden über mehrere Jahre hinweg untersucht und immer wieder Tests unterzogen. Die Ergebnisse zeigten, dass sie nicht über die übliche menschliche DNS als Trägerin der gesamten Erbinformation verfügten. Stattdessen wurde eine ungewöhnlich geartete DNS festgestellt, mit vier DNS-Strängen mehr als bei anderen Menschen! Das bedeutet, dass sie noch andere Eigenschaften haben müssen als die meisten von uns. Weitere Testergebnisse zeigten, dass sie völlig frei von Krankheiten waren und auch nicht krank werden können; sie scheinen einfach gegen alles immun zu sein. Die UCLA hat weltweit DNS-Tests gemacht und nimmt an, dass ein Prozent der Bevölkerung in der Welt diese veränderte DNS hat.

Als eine weitere Gruppe werden die Resilience-Kinder genannt. »Resilience ist ein englisches Wort und bedeutet auf Deutsch Unverwüstlichkeit. Das sind Kinder, die sich, obwohl sie unter extrem schweren Umständen leben, wie z.B. in völlig entwurzelten Familien, von nichts aus ihrer Mitte bringen lassen. Es scheint, dass sie sich nicht von ihrem Umfeld berühren lassen, sie bleiben völlig ›unbeschadet‹. Sie werden auch die ›unverwundbaren Kinder‹ genannt. In der Schweiz soll ein Projekt mit diesen Kindern anlaufen.«[27] Sieht man diese Entdeckungen im Zusammenhang mit den oben genannten neurologischen Forschungsergebnissen deutscher Institute über die Veränderung der menschlichen Gehirne, die sich seit längerem vollzieht, stellt sich auch noch einmal die Frage nach den Kräften, die hier wirksam sind.

Doch abgesehen von den äußeren Merkmalen gilt es herauszufinden, welcher geistige Wesenskern in ihnen lebt. Die äußeren Verhaltensweisen geben darüber keinen unmittelbaren Aufschluss. Ob hoch begabt, hyperaktiv oder hoch sensibel und spirituell wahrnehmungsstark oder unverwüstlich – all das sind zunächst nur äußere Symptome.

Hier stellt sich eine konkrete Forschungsaufgabe, die nur bei jedem einzelnen Kind durch sorgfältige Beobachtung seiner inneren Erlebnisse und Fähigkeiten gelöst werden kann.

So können wir bei einigen Kindern ein inneres Wissen um die tieferen Geheimnisse des irdischen Mensch-Seins und der Seele entdecken, welches durch viele Erdenleben erworben wird und dadurch zu einem liebevollen Verständnis allen Lebens und des Erlebens anderer Menschen befähigt.

Einen ganz anderen Charakter zeigen Kinder mit einer hohen intellektuellen Intelligenz, welche ihnen ermöglicht, mit Leichtigkeit in die Geheimnisse der Materie und des Universums einzudringen und welche zu genialen Erfindungen führt, die aber ein auffälliges soziales Verhalten mitbringen. Ein Beispiel dafür ist der bekannte Gründer von Microsoft, Bill Gates, der schon zu der älteren Generation gehört. Auch er gilt als hoch begabt, hyperaktiv, autoritär und mit einem ungebrochenen Selbst- und Machtbewusstsein ausgestattet. Auch er will die Welt der Zukunft gestalten. Was ist das aber für ein Geist, der in ihm lebt? Gates ist einer von vielen, die eine solche Intelligenz in das irdische Dasein mitbringen.

Alle Arten von Seelen, die ich geschildert habe, die reifen und eingeweihten Seelen, die schnell wiederverkörperten, wie auch die zuletzt beschriebenen Wesen, die aus anderen kosmischen Regionen kommen, die Sternen- und Planetenseelen brauchen eine entsprechende Leiblichkeit, um ihre Fähigkeiten auf der physischen Ebene geltend machen zu können. Im 19. Jahrhundert war die leibliche Konstitution beim Großteil der Menschen noch so ›dicht‹ und für geistige Erfahrungen undurchlässig, dass das Selbstbewusstsein sich vor allem auf äußere Umstände stützte und häufig aus Ämtern, Würden, Uniformen, Titeln und Orden gewonnen wurde und nicht aus dem geistigen Kern der Persönlichkeit. Es waren zunächst einzelne herausragende Persönlichkeiten, Künstler, Schriftsteller, Philosophen, die dann auch aus ihrer inneren Kraft heraus die damalige Jugendbewegung am Anfang des 20. Jahrhunderts zum Aufbruch für eine spirituellere Menschen- und Weltsicht zu impulsieren versuchten.

11. Die geistige Beschaffenheit der menschlichen Organisation und ihre funktionelle Gliederung

Seit der vergangenen Jahrhundertmitte sind wir auf allen Ebenen verstärkt in einem gewaltigen Veränderungsprozess begriffen, welcher sich nicht nur geistig und psychisch bemerkbar macht, sondern sich bis in die leiblichen Grundlagen erstreckt. Das vermitteln die vorhin erwähnten Erkenntnisse über die Veränderung der Gehirnstrukturen sowie die Entdeckung der modifizierten Trägersubstanz der DNS. Parallel dazu vollzieht sich die unübersehbare Veränderung des Denkens und des geistigen Wahrnehmungsvermögens der Menschen.

Das weist auf eine Veränderung der Gesamtsituation der Menschheit hin. Konkreter gesagt bedeutet das auch ein verändertes Gefüge im funktionellen Zusammenwirken der leiblichen, seelischen und geistigen Grundteile des Menschen.

Die Auswirkungen dieser konstitutionellen Veränderung sind für die geisteswissenschaftliche Forschung und die imaginative Wahrnehmung der verschiedenen Schichten der menschlichen Aura beobachtbar, wie es am Anfang beschrieben wurde.

Als Grundlage zum Verständnis dieser Veränderungen dient die elementare Erkenntnis der geistig-leiblichen Beschaffenheit des Menschen, wie sie heute zum Beispiel der anthroposophisch orientierten Medizin und Pädagogik zur Verfügung steht. In ähnlicher Weise liegt ein solches Bild des Menschen auch anderen spirituellen Anschauungen, Forschungen, Therapien zugrunde, welche nicht nur den physischen Leib des Menschen als Realität betrachten, sondern auch die verschiedenen energetischen Kräfte, welche diesen aufbauen, durchdringen und als Heilkräfte wieder regenerieren.

Dazu gehören die Seelen- und Bewusstseinskräfte sowie das innerste geistige Zentrum des Menschen, welches durch viele Stufen der Verwandlung von Leben zu Leben fortschreitet und den Kern des menschlichen Ich-Bewusstseins bildet. Das sind zusammengenommen die wichtigsten Bestandteile eines zeitgemäßen spirituellen Menschenverständnisses, welches erforderlich ist, um den Menschen als Ganzes zu verstehen. Diese geistigen, seelischen und energetischen Kräfte werden auch ihrem Wesen entsprechend bei Behandlungen, Trainingsmethoden, Meditationsübungen als eigenständige funktionelle Glieder der menschlichen Gesamtwesenheit berücksichtigt. Ohne ein Zusammenwirken dieser verschiedenen Kräfte ist keine gesunde Körperfunktion möglich.

Dieses allgemeine Bild der körperlich-seelisch-geistigen Gesamtorganisation aus geisteswissenschaftlicher Sicht ist mit einer gewissen Übung prinzipiell jedem Menschen durch unmittelbare Beobachtung zugänglich.

Das Erste ist unser physischer Leib [Skizze 1A], der durch seine materielle Beschaffenheit heute bis in kleinste Zusammenhänge und Funktionen naturwissenschaftlich erforscht ist – wir kennen ihn in- und auswendig. Dieser physische Teil des Menschen ist aber durchdrungen von einem energetischen Organismus, der den physisch-stofflichen Körper und seine Funktionen ausbildet und ihn am Leben erhält. Er enthält die Summe aller Organ- und Gestaltbildungskräfte. Wegen seiner immateriellen Feinheit wird dafür auch der Begriff *Ätherleib* oder *Bildekräfteleib* verwendet. Dieser feine energetische Körper, der bereits alle ›Informationen‹ energetisch in sich trägt und mittels der Gene von der Embryonalzeit an den physischen Körper formt, bleibt bis zum Tod mit diesem auch in der Nacht verbunden. Er ist es, der diesen tagsüber etwas abgebauten, gestörten physischen Leib nachts auch wieder regeneriert und aufbaut. Man kann auch sagen: Dieser Energiekörper ist der Gesundheitsleib, dem wir die so genannten Selbstheilungskräfte verdanken. Wir kennen die Ausdrücke für diese weisheitsvolle Lebensenergie des Ätherleibes als Prana oder Chi aus anderen Kulturen und Sprachen. Sie bezeichnen letztendlich das Gleiche und sind heute nichts Unbekanntes mehr. Mit dieser Lebensenergie wird in den verschiedenen spirituellen Kulturen und Zusammenhängen therapeutisch erfolgreich gearbeitet. In der westlichen Zivilisation war das Wissen von diesen verborgenen Kräften eine ganze Zeit lang verloren gegangen. Ihre verschiedenen Wirkungen und Wahrnehmungsmöglichkeiten sind erst durch die von Rudolf Steiner begründete Geisteswissenschaft am Anfang des 20. Jahrhunderts wieder in neuer Form systematisch erforscht und beschrieben worden.

Der physische Körper ist also von diesem energetisch-ätherischen Körper durchdrungen [Skizze 1B], der nicht nur den Körper als Ganzes, sondern jedes einzelne physische Organ mit seinen spezifischen Kräften durchdringt. Die Gene sind lediglich das Trägermaterial für die spezifischen Informationen, welche alle Bildeprozesse steuern.

Auf diese Weise haben wir auch ein Äthergehirn, ein Ätherherz, eine Ätherlunge, eine Ätherniere und so weiter. Seit frühestem Stadium der Embryonalentwicklung haben sich durch ihn und die in ihm enthaltenen Informationen aus den undifferenzierten Stammzellen die spezifischen Zellen und physischen Organe herausgebildet. Diese bleiben auch bis zum Tode mit den Ätherorganen durchdrungen.

Somit wird zum Beispiel auch bei Organtransplantationen ein Teil dieses Ätherleibes – nicht nur das physische Herz, die physische Lunge –, sondern auch ein Teil von ihm als *Äther*lunge, *Äther*herz mit dem entsprechenden Organgedächtnis mit verpflanzt! Das gibt dann beim Organempfänger die eigenartigen erinnerungshaften Erfahrungen, welche Eigenschaften des Organspenders enthalten und als fremd und problematisch erlebt werden können.[28] Hierdurch wird erfahrbar, dass die Organe nicht nur biochemische Instrumente sind.

Bei der normalen Konstitution des Menschen ist es so, dass dieser Ätherleib als eine Art energetisches Feld fast identisch ist mit dem physischen Körper und in der Regel etwas darüber hinausragt. Das ist je nach Mensch unterschiedlich. Manchmal ist dieser Ätherleib auch ganz identisch mit der äußeren Gestalt. Dann hat man den Eindruck, dieser Mensch sei ätherisch-energetisch ›nackt‹. Manchmal zieht sich dieser Ätherleib noch weiter zurück. Dann hat man das Gefühl, man friert, das heißt, man hat zu wenig Lebenskräfte; man fühlt sich ganz dünn und mager.

Das sind unmittelbare persönliche Beobachtungen, die man selbst anstellen kann. Nach einer gut durchschlafenen Nacht wacht man morgens auf und fühlt sich richtig groß, eingehüllt, aufgebaut und voller Energie. Das geschieht dadurch, dass der Ätherleib den physischen Leib nachts wieder belebend durchdrungen und gekräftigt hat. Dies sind innere eigene Zustandserlebnisse, die der eigenen Beobachtung zugänglich sind und die auch von der hellsichtigen Forschung bestätigt werden können.

Skizze 1: Die geistigen Glieder der menschlichen Organisation, →
als sich durchdringende Kräftefelder, gestalten und steuern alle
Funktionen des Leibes (schematische Skizze)

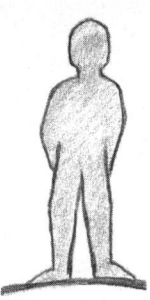

A. Physischer Leib
unterliegt den Gesetzen der
materiellen Welt. An ihm
erscheinen alle Wirkungen
der geistigen Kräfte
des Menschen sinnlich
wahrnehmbar

B. Energetisch-ätherischer Leib
reiner Kräfte-Organismus,
Träger aller Informationen und
des Gedächtnisses, unterliegt
den Gesetzen
des Lebens –
nicht sinnlich wahrnehmbar

Höheres Selbst

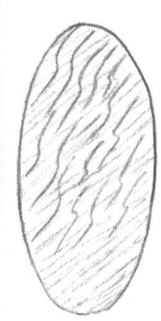

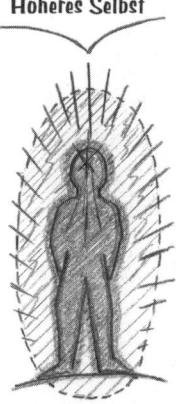

C. Astralleib
eigenständiger
Seelen- und Empfin-
dungsorganismus als
Träger des Bewusst-
seins, unterliegt
den Gesetzen der
Seelenwelt

D. Ich
rein geistiger Kern
des Menschen,
durchdringt und
koordiniert die »Lei-
ber«, in ihm wirken
die ewigen Gesetze
des Geistes

**E. Der wache
Gesamtmensch**
durch das gesunde
Zusammenwirken
aller Grundteile
(Glieder) entwickelt
sich der Mensch
zwischen Geburt und
Tod

└─ sinnlich nicht wahrnehmbar ─┘

Leben und Bewusstsein

Wir hätten aber kein Bewusstsein, keine Gedanken, keine Lust- und Schmerzgefühle, nicht einmal ein einfaches Bewusstsein für unsere Sinnesempfindungen, Farben, Töne und so weiter, wenn nicht dieser ätherische Leib und unser physisches Nerven-Sinnes-System auch tagsüber von einem so genannten Seelenorganismus durchdrungen wäre. Das ist aber eine andere Art von Energie, eine seelische Energie. Es ist reale *Seelensubstanz*.

Insofern sie an den belebten, physischen Körper gebunden ist, verwenden wir dafür den Begriff *Seelenleib* oder *Astralleib*. Wir verdanken diese Kräfte der kosmischen Sternen- bzw. Astralwelt [Skizze 1C]. In der Skizze ist dieses Wesensglied als dritte Qualität schematisch gezeichnet und kann für die imaginative Beobachtung als eine Art bewegtes und strahlendes Feld um den Menschen herum erlebt werden. Es ist das, was im Allgemeinen als ›seelische Aura‹ bezeichnet wird und in vielen Farben erscheint.

Fragen wir einmal: Wo erleben wir unsere Gedanken? Bei sorgfältiger Beobachtung werden wir niemals sagen können: im Kopf, im Gehirn. Da gibt es keine Gedanken. Da gibt es allenfalls die materiellen Spuren der Gedanken, neuronale Netzwerke und messbare Gehirnströme mit verschiedenen Frequenzen. Der hellsichtige Mensch kann jedoch geistig ›von außen‹ sehen, wenn ein Mensch denkt und fühlt. Er sieht dann, wie sich ganz bestimmte unterschiedliche und vielfältige Farben und Formen um den Menschen herum bilden, strahlen und bewegen. Auch wir selbst erleben Gedanken und Gefühle keinesfalls im Gehirn, sondern im Raum um uns herum wie auch in den verschiedenen Körperpartien. Das Gehirn selbst ist vergleichsweise nur ein hochkomplizierter ›Spiegelungsapparat‹. Dort können zwar parallel zum Bewusstseinsprozess elektrische Ströme gemessen werden, aber die Gefühle sind in den Organen, im Herzen, im ganzen Körper – selbst Gefühle, die wir für einen anderen Menschen haben, strömen dem anderen Menschen entgegen. Das ist die unmittelbare Beobachtung.

Man darf sich nicht irritieren lassen, wenn der Neurologe sagt: Alle Vorgänge sind nur Funktionen des Nervensystems. Zutreffend ist: Es bilden sich Einprägungen und neuronale Vernetzungen als ›Spiegelungsgrundlage‹ für unseren Seelenorganismus oder Astralleib, und diese ist am Tag von ihm funktionell durchdrungen. Dadurch entsteht das wache Tagesbewusstsein. Aber das Gefühl oder der Gedanke wirken auf uns selbst, fließen aber auch energetisch vom Menschen weg, gehen dem anderen Menschen entgegen als Liebesgefühl, Hass, Aggression, usw. Das heißt, sie sind in uns und um uns herum. Es handelt sich um eine reale Energie, die heute experimentell messbar ist. Das alles erscheint für die imaginative, hellsichtige Wahrnehmung in Farben und Formen der seelischen Aura. Bei den Indigo-Kindern ist diese, wie anfangs beschrieben, stark mit dem dunkelblauen Indigo oder auch anderen Blau-Farben durchsetzt, die bis ins Violett tendieren. Es ist der Ausdruck einer Ich-Kraft, die sich durch die übrigen individuellen Charaktereigenschaften geltend macht.

Diesen seelischen Organismus haben wir zwar mit den Tieren gemein, aber wir können das Ganze durch die bewusste Aktivität unseres Ich beherrschen, steuern, ausbilden, höher entwickeln und verfeinern. Das Ich ist in gewisser Weise die geistigste Kraft des Menschen; sie ist in der Lage, durch regelmäßige Arbeit auch alles, was wir Menschen als Veranlagung mitbringen, durch Selbsterziehung zu ändern!

Dieses Ich als aktives Glied des Menschen ist nicht das Gleiche wie das Ich-Gefühl. Es kann um den Menschen herum oder über dem Menschen erlebt werden und strahlt mit seiner Aktivität in die Seele und den physischen Körper hinein und verwandelt ihn im Laufe der Zeit. Es ist von frühester Kindheit an am Körper mitgestaltend tätig und wird allmählich zum Zentrum des Menschen, wie es bereits beschrieben wurde.

Was geschieht nun in der Nacht? Beim Einschlafen trennt sich der seelische Teil, das heißt, es löst sich der Astralleib mit dem Ich vom physischen und ätherischen Körper, verlässt also auch das Sinnes-Nerven-System und geht in eine andere Sphäre [Skizze 2]. Der Neurologe kann das als Schwächer-Werden der Gehirnaktivität messen und als Ver-langsamung der Gehirnwellen auf dem Monitor verfolgen. Für die hellsichtige Wahrnehmung wird dieser Vorgang als Ruhiger-Werden der Formen und Farben der Aura wahr-nehmbar und zeigt, wie der seelische Teil des Menschen, der Astralleib, sich selbst aus dem Körper heraushebt und in den Kosmos ausweitet. Das entspricht auch der erlebnismäßigen Beobachtung.

Morgens kehren wir mit unserer Seele wieder in den physi-schen Leib zurück, der nachts weiter von unserem Ätherleib durchdrungen, erfrischt und regeneriert wurde. Durch diesen umgekehrten Vorgang werden wir wach. Dann sind wir wie-der der bewusste Mensch, in dem die vier Glieder oder Grund-teile zusammenwirken. Traumbilder und andere geistige Nachterlebnisse werden dann blasser und wandeln sich zum Teil in Gefühle um, die uns dann durch den Tag begleiten. All das geschieht auch altersentsprechend beim Kind.

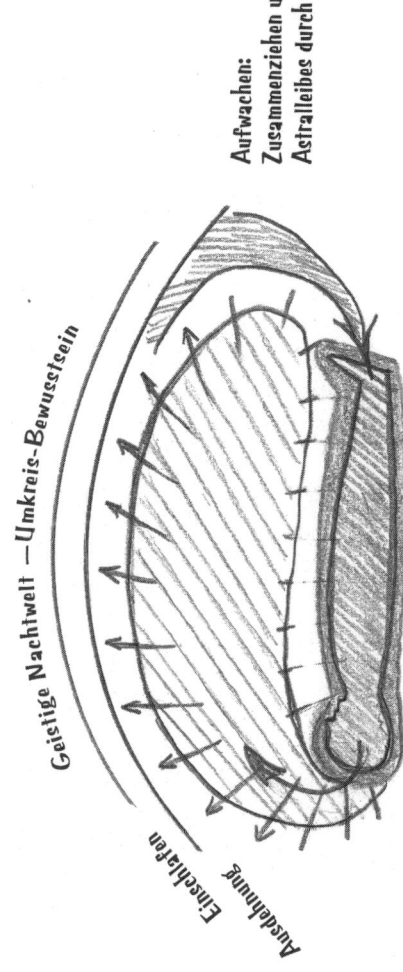

Aufwachen:
Zusammenziehen und Eintreten des
Astralleibes durch Füße und Hände

Geistige Nachtwelt — Umkreis-Bewusstsein

Einschlafen

Ausdehnung

Skizze 2: Vorgang beim Einschlafen und Aufwachen.
Physischer Leib bleibt mit ätherischem Leib durchdrungen im Bett. Die seelische Organisation (Astralleib) und
Ich lösen sich heraus. Es findet eine geistige und leibliche Regeneration statt.

12. Der ätherische Organismus als Vermittler zwischen Seele und Körper und Träger des Gedächtnisses

Nun ist das kindliche Gehirn in Entwicklung und nur zu 30 Prozent erbmäßig veranlagt. Es ist, bildhaft gesprochen, eine noch unstrukturierte plastische Masse. Am deutlichsten ist das an der Sprach- und Gedächtnisentwicklung erkennbar. Der ätherische Organismus ist aber der eigentliche Vermittler für den physischen Leib und das Gehirn, d.h. für alle seelischen Inhalte, die sowohl aus der geistigen Erfahrung vor der Geburt mitgebracht werden, als auch für die Eindrücke danach, insofern sie aus der sinnlichen Dimension stammen. Als Träger des Gedächtnisses hat er somit eine Doppelfunktion: Alle seelischen Erlebnisse vermittelt er nicht nur dem Gehirn, sondern auch den anderen Organen, die dadurch ihr individuelles Gepräge erhalten. Dieses bereits vorher erwähnte ›Organgedächtnis‹ gerät immer mehr in den Blickpunkt der Forschung, es beeinflusst maßgeblich die Organfunktionen im gesunden oder krank machenden Sinne [Anhang 3].

Für die geistige Beobachtung ist nun seit dem 20. Jahrhundert eine fortschreitende Veränderung im Zusammenwirken zwischen den geistigen Gliedern der Menschenwesenheit und dem physischen Leib zu beobachten. Das betrifft vor allem das Verhältnis der ätherischen Bildekräfte zum physischen Körper und seinen Organen. Wenn man die vorhin beschriebenen neurophysiologischen Forschungen damit in Zusammenhang bringt, sieht man, wie sich in der Gegenwart eine einschneidende Veränderung mit der gesamten menschlichen Organisation vollzieht.

Inwiefern spielt das bei den heutigen Kindern eine Rolle? Was wir als erwachsene Menschen jeden Morgen bei uns beobachten können, wie sich unser seelischer Teil in den physisch-leiblichen hineinbegibt oder inkarniert, das ist bei der kindlichen Entwicklung zeitlich auseinandergezogen. Die Entwicklungsstufen des Bewusstwerdens, das heißt des Sich-Inkarnierens, sind bei der kindlichen Entwicklung ein allmählicher Prozess. Mit jedem Tag, an dem ein Kind aufwacht, verbindet sich die Seele mittels der eigenen Ätherkräfte ein Stück mehr mit dem Gehirn und dem ganzen übrigen Organismus und macht ihn sich zu Eigen. Das ist, wie gesagt, ein langsamer rhythmischer Prozess, der auch die Ausbildung des Nerven-Sinnes-Systems mit einschließt. Dieser Prozess verläuft nun bei vielen Kindern offensichtlich anders als früher.

Wie aus der Beschreibung hervorgeht, ist also der Vermittler zwischen dem Ich und dem Seelischen des Menschen und seinem physischen Leibe der so genannte ätherische Organismus, der alle übrigen Organe im Laufe der Zeit herausbildet und individualisiert. Hier ereignet sich aber eine Veränderung, die für das Verständnis des ungewohnten Verhaltens vieler Kinder und auch schon älterer Zeitgenossen wichtig ist, insofern auch bei ihnen außergewöhnliche ›neue Seelenfähigkeiten‹ auftreten. Es sind zwei Ebenen, auf die Rudolf Steiner schon am Anfang des 20. Jahrhunderts hingewiesen hat.

Die veränderte Konstitution

Die erste Beobachtung bezieht sich auf die leiblich-konstitutionelle Veränderung, und zwar darauf, dass die genannten Ätherorgane – Ätherkopf, Ätherherz – nicht mehr ganz fest mit den physischen Organen verbunden sind, sondern einen eher lockeren Zusammenhang haben, das heißt, sie ragen funktionell darüber hinaus [Skizze 3B] und bilden die leibliche Bedingung dafür, dass alles Geistige leichter und stärker ins Bewusstsein treten kann.

»Wir leben jetzt in der Tat in dem Zeitalter, in dem die innigste Durchdringung zwischen dem Ätherleib und dem physischen Leib schon hinter uns liegt.«[29] Damit war und ist evolutionsgeschichtlich die intensive Durchstrukturierung des physischen Gehirns gemeint, durch die wir das abstrakte, naturwissenschaftliche Denken ausgebildet haben. »Wir leben jetzt schon wiederum in der umgekehrten Entwicklungsrichtung. Wir leben in einer Zeit, in der der Ätherleib langsam herausrückt aus dem physischen Leib. Das ist normale Menschheitsentwickelung in die Zukunft hinein, daß der Ätherleib nach und nach wiederum den physischen Leib verläßt; und Zeiten werden kommen, in denen sich die menschliche Organisation wiederum so anschauen wird, wie sie sich angesehen hat in grauer Vorzeit, so daß wir wiederum empfinden werden, wie der Ätherleib hervorragt über den physischen. Wir sind mitten drinnen in diesem Vorgange, und mancherlei von den feineren Krankheitserscheinungen der Gegenwart würde man verstehen, wenn man das wüßte.«[30]

Nun wird weiter beschrieben, wie die innigen Verbindungen, die in den Jahrhunderten seit Anbruch der Neuzeit eine Zeit lang zwischen dem Ätherleib und dem physischen Kopf und Herzen des Menschen bestanden haben, mit der Zeit wieder verloren gehen. »Aber seit dem Jahre 1721 lockert sich merkwürdigerweise auch immer mehr und mehr der Zusammenhang zwischen dem menschlichen physischen Herzen und dem Ätherherzen. [...] Wenn das physische Herz da ist und das Ätherherz da [Skizze 3], so war das früher mehr ein Ganzes; jetzt kann das Ätherherz geschüttelt werden ätherisch, es ist nicht mehr innerlich so dynamisch verbunden wie früher. Später werden noch andere

 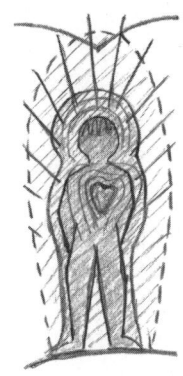

A

»Normale«, innige Durchdringung des physischen mit dem ätherischen Leib.
Punktuelles Ich-Bewusstsein

B

Funktionell »gelockerter« Ätherleib, verstärkte Durchdringung mit »Astralleib« und »Ich«.
Ausgedehntes »Wahrnehmungsfeld« für geistige und seelische Vorgänge der Umgebung.

Skizze 3: Die veränderte Konstitution (schematisch)

Organe des Menschen sich vom Ätherischen lösen. Das aber, daß das Herz nach und nach sich löst von seinem Ätherteil und bis in das 3. Jahrtausend hinein, bis man 2100 ungefähr schreiben wird, sich ganz gelöst haben wird, das macht auch in Bezug auf die menschliche Entwickelung etwas ganz Besonderes aus. Das macht das aus, daß die Menschen nötig haben etwas, was ihnen früher von selbst zukam durch den natürlichen Zusammenhang zwischen physischem Herzen und Ätherherzen, auf einem anderen Wege zu suchen, auf dem Wege des spirituellen Lebens. Dieses vom physischen Herzen losgetrennte Ätherherz, das wird seine richtige Beziehung zur geistigen Welt nur gewinnen, wenn der Mensch sucht spirituelles Wissen, wenn der Mensch sucht anthroposophisch orientierte geistige Gedanken. Das muß immer mehr gesucht werden.«[31]

Mit dieser Lockerung des eigenen Ätherleibes hängt nun auch die verstärkte geistige Sensibilität und Wahrnehmungsfähigkeit zusammen, die eines der markanten Merkmale der neuen Kinder ist und ein ›zeitübergreifendes Gedächtnis‹ ermöglicht. Doch dieser evolutionäre Vorgang muss durchschaut und begriffen werden.

»Etwas ist in mir, das ich verstehen muss«

Das Zweite bezieht sich auf das seelische Erleben, welches in enger Verbindung mit der konstitutionellen Veränderung steht und sich durch die verschiedenen Formen der kindlichen Verhaltensweisen äußert: »Gewisse Kräfte werden in der Menschennatur entwickelt werden gegen die Zukunft hin, die so wirken, daß der Mensch, sobald er nur ein gewisses Lebensalter erreicht hat und seiner selbst recht bewußt wird, in sich die Empfindung haben wird: Da ist etwas in mir, was ich verstehen muß. – Das wird die Menschen immer mehr und mehr ergreifen. In den verflossenen Zeiten, auch wenn sich die Menschen noch so sehr bewußt wurden, war dieses Bewußtsein, das jetzt kommen wird, nicht vorhanden. Es wird etwa so sich äußern: Da fühle ich etwas in mir, das hängt zusammen mit meinem eigentlichen Ich. Merkwürdig, es will aber nicht hereinpassen in alles, was ich wissen kann seit meiner jetzigen Geburt. […] Man wird dann wissen: Was ich fühle, das fühle ich jetzt deshalb fremd, weil es das Ich ist, das aus früheren Leben herübergekommen ist. – Beklemmend, Furcht und Angst erzeugend wird diese Empfindung sein für diejenigen Menschen, welche sie sich nicht aus den wiederholten Erdenleben heraus erklären können. Dagegen lösen werden sich diese Gefühle, die jetzt nicht theoretische Zweifel, sondern Lebensbeklemmungen, Lebenszusammenschnürungen sein werden, durch jene Empfindungen, die uns aus der Geisterkenntnis gegeben werden können und die uns besagen: Du mußt dein Leben ausgedehnt denken über frühere Erdenleben hin.«[32]

In den Erzählungen vieler Kinder kommt auch dieses Grundgefühl zum Ausdruck und kann in die Entdeckung einmünden, dass »die Seele das ist, was man nicht von Vater und Mutter hat« oder dass man »schon viele Male auf der Erde gelebt hat«.

Dieses Gefühl kann am Anfang einen sehr bedrängenden Charakter haben. Die Hilfe für das Kind besteht also darin, ihm einen Begriff von der Unsterblichkeit der Menschenseele zu vermitteln. Es genügt allerdings nicht, nur mit dem Verstand etwas zu denken, »denn es gehört zu den Imponderabilien, daß das Kind eigentlich durch geheimnisvolle Kräfte, die vom Unterseelischen des Kindes zum Unterseelischen des Erziehers wirken, nur dasjenige annimmt, an das ich selber glaube«.[33]

Um solche untergründig vorhandenen Gefühle und Bilder in heilsamer Weise zugänglich zu machen, führen Therapeuten mit Kindern Gespräche darüber, unterstützen diese Arbeit auch mit künstlerischen Mitteln und lassen deren Erlebnisse z.B. malen. Das hat für die Kinder eine befreiende und beruhigende Wirkung.

Ganzheitliche Wahrnehmung

Damit haben wir eine Veränderung auf zwei Ebenen, die die ›neuen Kinder‹ zumindest als Anlage mitbringen: Die zuletzt beschriebene erstreckt sich in eine zeitliche Vergangenheits-Dimension und lässt Gefühle und Bilder aus früheren Daseinsstufen ins Bewusstsein drängen.

Dies bedeutet eine Erweiterung in die geistige Dimension der Zeit. Dabei ist es wichtig, mit diesen Gefühlen und Erinnerungsbildern richtig umzugehen: Gerade das völlige

Bewusstmachen, Anschauen und verständnisvolle Sprechen darüber mithilfe des Erwachsenen klärt, kräftigt und bewirkt, dass auch schwierige Vergangenheitsbilder in gesunder Weise wieder in das Unterbewusstsein absinken können. Sie verwandeln sich dann in Selbstsicherheit und Fähigkeiten. Geschieht das nicht, rumoren sie im halb bewussten Fühlen und können tiefe Verunsicherung hervorrufen.

Denn die Aufgabe besteht ja darin, dass in jedem Erdenleben ein neues Ich-Bewusstsein entwickelt wird, ohne jedoch die Erinnerung an vergangene Erfahrungen völlig abzuschneiden, so wie das auch für normale Vergangenheitserlebnisse notwendig ist.

Die Regel dabei ist: Nur was man einmal voll ergriffen hat, kann man auch loslassen.

Die vorangehend genannte konstitutionelle Veränderung bewirkt in zweiter Linie, dass sich das normale Raumbewusstsein durch den gelockerten Ätherleib [Skizze 4] über die sinnliche Wahrnehmung hinaus in ein Überraumbewusstsein ausdehnt, sodass auch die geistig-seelischen Kräfte der Umgebung in diesem Überraum wahrgenommen werden. Das heißt, durch die eigene geweitete Aura des Menschen wird die gedankliche und gefühlshafte Ausstrahlung des anderen Menschen wie auch diejenige anderer Wesen unmittelbar geistig miterlebt. – Hier handelt es sich um eine Erweiterung des *geistigen* Raumes.

Wir können uns das vereinfacht so vorstellen, dass wir zum Beispiel mit unserem Ätherherzen nicht nur die eigenen inneren Vorgänge fühlen, sondern dass durch die Lockerung eine immer größere Wahrnehmungssphäre um uns herum entsteht. Diese größere Sphäre, in die sich das ätherische Herz mit seinen Schwingungen ausbreitet, wird zum unwillkürlichen Mitfühlen der Umgebung.

Das kann bei einigen Menschen so weit gehen, dass sie nicht nur die Vorgänge der näheren Umgebung, sondern auch alles, was atmosphärisch in einem weiteren Umkreis passiert, empathisch mitempfinden, sodass oft nicht mehr unterschieden werden kann: Ist es ein eigenes Gefühl oder ist es das Gefühl des Mitmenschen oder gar ein Ereignis, das in einem Volk stattfindet, das auf einem anderen Teil der Erde lebt? Gerade bei Kindern treten häufig entsprechende Erlebnisse auf, ohne dass eine äußere Information vorliegt. Sie bekommen dann mehr oder weniger deutlich fühlend mit, dass auf der Erde etwas passiert, und sind zunächst nur tief beunruhigt, ohne zu wissen warum. Die äußere Information kommt dann erst später. Sie ist aber wichtig, denn sie trägt zur Klärung und Beruhigung bei. – So haben sowohl Kinder wie auch Erwachsene die Ereignisse vom 11. September 2001 auf einer spirituellen Ebene miterlebt, ehe ihnen die äußeren Informationen bekannt waren. Auch hier gilt: Alles was ins Bewusstsein gehoben, anschaubar gemacht und verstanden wird, gibt Sicherheit.

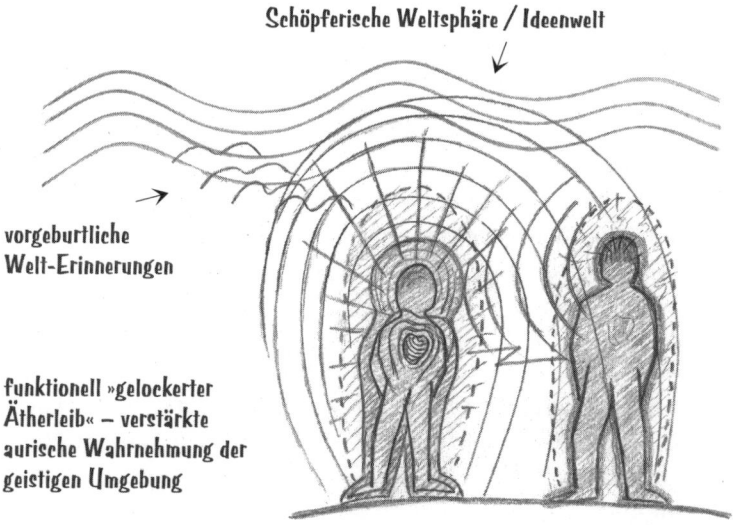

Skizze 4: Das Ich lebt in der Peripherie (schematisch)

Die Aura als Energiefeld

Zum Verständnis der Aura möchte ich ein vergleichsweise profanes Beispiel wählen: An jedem Ausgang von Kaufhäusern und größeren Geschäften sind Detektoren aufgestellt, die ein elektromagnetisches Feld erzeugen. Wenn jemand mit einem Preisschild hindurchgeht, auf dem die magnetische Codierung nicht gelöscht ist, reagiert der Detektor mit einem Signal – er ›nimmt durch das ausgestrahlte Feld wahr‹. Für die äußere Beobachtung ist das ein nicht sinnlich wahrnehmbarer Vorgang. – Wir sind es gewohnt, dass wir uns im täglichen Leben durch viele solcher Felder bewegen, sie verändern und dadurch ›wahrgenommen‹ werden.

Die vielschichtige Aura des Menschen kann man sich ähnlich, mehr oder weniger ausgebreitet, als ein energetisches Feld vorstellen, wenn auch nicht als elektromagnetische Kraft. Dieses elektromagnetische Feld, das auch beim Menschen gemessen werden kann, ist nur eine Begleiterscheinung und nicht identisch mit der geistig-seelischen Aura des Menschen. Es durchdringt diese zwar, wird aber bei ungenauer Beobachtung häufig mit ihr verwechselt oder gleichgesetzt [Anhang 4].

Mit einer solchen, oben beschriebenen aurischen Wahrnehmung aufgrund des gelockerten Ätherleibes sind nun viele Kinder ausgestattet, und das bildet die Grundlage für ihre erweiterte Gefühlswahrnehmung. Je nach Veranlagung kann es sein, dass auch der ätherische Teil des Kopfes nur locker mit dem physischen verbunden, das heißt funktionell größer ist. Die Ausstrahlung der Gedanken anderer Menschen wird dann wahrgenommen, und es findet eine nonverbale Kommunikation statt. Durch die vorher beschriebene geringere Bindung des ätherischen an den physischen Leib gelangen ebenso auch bildhafte Erinnerungen an die vorgeburtliche Welt leichter zu Bewusstsein. Auch Inspirationen und andere Wahrnehmungen der geistigen Welt werden hierdurch möglich. Bei einer festen Verbindung mit dem physischen Leib würde dieser die geistigen Erinnerungen und Wahrnehmungen zudecken, er wäre ›zu dicht‹.

Wenn es gelingt, die Bedeutung dieser geistigen Veränderungen von der geistig-energetischen Seite her zu verstehen, hat man einen Schlüssel für das Verständnis der Kinder, wenn sie sich z.B. daran erinnern, wie sie vor der Geburt mit anderen ungeborenen Seelen zusammen waren und sich entschlossen haben, die Erde zu betreten. »Ich bin Teil einer Seelengruppe gewesen und komme mit denen auf die Erde, um gemeinsam eine Mission auf der Erde auszuüben.«[34] Manchmal blitzen solche Erinnerungen auch nur kurz auf, wie bei einem sechsjährigen Mädchen, dem jüngsten von drei Kindern. »Ich war schon auf einer anderen Erde. Da waren wir zusammen. Ich habe dann gesagt: Ihr geht zuerst und ich komme hinterher.«

Alle diese Einzelphänomene haben ihre Grundlage darin, dass sich die so genannte *Geist-Seele* und der eigene Ätherleib der Kinder, den·sie sich aus der vorgeburtlichen Welt mitbringen, nur langsam und ›lockerer‹ mit dem mütterlichen physischen Organismus verbinden. Es kommt dann ein weniger punktuelles und mehr panoramahaftes Bewusstsein zustande, wie ich es schon beschrieben habe. Dann sehen solche Kinder häufig auch ihren eigenen Körper von außen im Raum, in dem sie sich mit ihrem Bewusstsein ausgebreitet fühlen [siehe Skizze 5, S. 119].

Jenseits von Zeit und Raum

Anhand der Skizze ist das Verhältnis der verschiedenen Glieder der menschlichen Wesenheit schematisch dargestellt. Man darf sich das natürlich nicht zu räumlich vorstellen, auch wenn die geistige Wahrnehmungsfähigkeit funktionell außerordentlich weitreichend sein kann. Sie hat die Möglichkeit, sich in eine Sphäre auszudehnen, die ich hier kurz *Ideen-* oder *Vernunftwelt* nennen möchte und welche die Erde ebenso unsichtbar umgibt und durchdringt wie zum Beispiel die Magnetosphäre. Der englische Biologe Rupert Sheldrake hat in seinem Buch *Das schöpferische Universum*[35] eine bestimmte Schicht dieser Vernunftwelt beschrieben, die er »morphogenetische Felder« nennt. Aus dieser Vernunftwelt werden alle großen Erfindungen und genialen Entdeckungen sowie alle Zukunftsvisionen geschöpft. Sie werden in Form von Intuitionen aus einer Welt jenseits von Zeit und Raum gewonnen.[36] Es ist die geistige Sphäre der Ewigkeit.

Im Grunde ist es die gleiche Welt, in der die Kinder zwischen dem letzten Tod und der Geburt gemeinsam mit anderen Wesen leben. Dort ist alles miteinander verbunden. Es gibt dort kein räumliches Neben- und kein zeitliches Nacheinander, wie wir es in der dreidimensionalen irdischen Welt kennen, es sind nur ineinanderwirkende geistige Sphären, Wesen und Qualitäten mit einer unmittelbaren Kommunikation. Auch das kennen wir durch kindliche Beschreibungen: »Hier muss ich in Zeit und Raum leben und habe einen physischen Körper, der ist ganz eng und begrenzt. Da oben bin ich mit allen Wesen verbunden.«[37] Dieses Verbundensein der Menschenseelen ist eine Erinnerung an den Bewusstseinszustand jenseits von Zeit und Raum. Es gibt dort keinen Raum in unserem Sinne und auch keine Zeit, in der man denkt, sondern dort ist das Wissen um die Anwesenheit eines geistigen Wesens unmittelbar gegeben, wie auch das Verstehen dieses Wesens.

Wenn Seelen sich für die Inkarnation vorbereiten und sich als Gemeinschaften, als Geschwister verbinden, bleibt das Wissen um diese Verbindung unterbewusst als eine Art geistiges Band bestehen und führt sie im irdischen Leben wieder zusammen. Aus dieser Sphäre bringen Kinder auch oft gute Verbindungen zu verstorbenen Menschen mit.

Da erwachsene Menschen diese geistige Sphäre der Seelen der Verstorbenen – die nur funktionell ein etwas anderes Gebiet ist als diejenige der ungeborenen Kinder – präziser beschreiben können, ist durch die Schilderung der zeit- und raumlosen Dimension noch einmal ein vertieftes Verständnis möglich.

Die Sphäre des totalen Wissens

Es gibt unzählige Berichte von Menschen, die durch einen Schock oder Unfall für kurze Zeit aus ihrem Körper herausgehoben wurden und in diesem ›gelockerten‹ Zustand die Erfahrung der überphysischen Bewusstseinsart gemacht haben. Der amerikanische Lkw-Fahrer Tom Sawyer beschreibt das so: »Da oben in dieser Welt, wo ich kurzzeitig durch diesen Unfall herausgehoben war, in dieser geistigen Welt sah ich Licht. Und dieses Licht war nicht nur leuchtend und schön, es war auch vollkommen. Ich nenne es die überstrahlende telepathische Kommunikation. Ich erlebte totales Wissen. Und dieses Wissen ist nicht leicht und einfach zu beschreiben, es wurde mir geschenkt. Dieses Licht war göttliches Wissen und Liebe. Ich fühlte mich als einen Teil dieses totalen göttlichen Wissens und der unmittelbaren Liebe. Hier auf der Erde, im Körper, da denken wir, bilden Begriffe, formulieren Wörter, Sätze in der jeweiligen Sprache und sprechen sie aus. In der überstrahlenden, telepathischen, geistigen Kommunikation geht das ganz anders vor sich. Alles, was dazu nötig ist, ist der Wunsch zu denken. Es ist ein gleichzeitiges Wissen und Mitteilen, Frage und Antwort sind gleichzeitig da, ohne zeitliche Abfolge. Man lebt in der Gegenwart des Geistes so, wie wenn man das Licht von Herz zu Herz scheinen lässt. Die Kommunikation findet in der geistigen Wirklichkeit statt, und zwar schneller als mit Lichtgeschwindigkeit. Hier sind zwei kommunizierende Wesen eine Einheit – auf der Erde sind wir getrennt.«[38]

Als Tom Sawyer wieder in seinen physischen Körper zurückkam, musste auch er alles mitgebrachte Wissen in ein zeitlich verlaufendes, irdisch-menschliches Denken umwandeln. In der gleichen Lage befinden sich die Kinder bei ihrer Entwicklung. Sie erlebten sich geistig in einer Gemeinsamkeit jenseits von Zeit und Raum, und die Impulse, die sie haben, bringen sie in diesen kleinen, noch relativ ungeformten Körper mit. Jetzt müssen sie lernen, die Räumlichkeit des physischen Leibes mithilfe der Bewegungen und Sinnesfunktionen zu ergreifen. Das heißt aber, sie müssen auch lernen, ihre Gedanken und später ihren Redestrom, der sich manchmal fast überschlägt, zu beherrschen. Die körperliche Hyperaktivität ist wie eine gewohnte Erinnerung an die geistige Welt, in der keine Anstrengung erforderlich ist, um sich zu bewegen und zu denken. Dort mussten sie einen Gedanken haben und schon waren sie bei dem Wesen, zu dem sie sich hinwünschten.

Doch wenn sie diese Bewusstseinsart in dieses Leben mitbringen, dann projizieren sie zunächst etwas aus der geistigen Sphäre in ihren menschlichen Ätherleib, der sich in Resonanz zu der geistigen Welt befindet, und es treten Verhaltensweisen auf, die nicht auf die Erde passen. Hier müssen sie ihr Wesen in Zeit und Raum umwandeln und systematisch Schritte und Gedanken üben, um auf diese Weise Gehirn und Körper zu strukturieren. Dem steht das Gefühl entgegen: »Ich kann das doch schon und weiß schon alles, warum soll ich es dann lernen und üben?« Weil sie aus diesem anderen Bewusstseinszustand kommen, in dem alles gleichzeitig ist, müssen sie diesen mühsamen Umwandlungsprozess durchleben und brauchen dafür viel geduldige Mithilfe. – Anhand dieser Betrachtung kann nun manche sonderbar erscheinende Eigenschaft erklärbar werden.

Es sind also zwei Komponenten der menschlichen Natur, die

zusammenkommen: Einmal die geschilderte geistige Wesenheit des Menschen, die durch vergangene Erdenerfahrungen gegangen ist, oder ein anderes kosmisches Wesen, das sich verkörpern will. Dazu bedarf es aber einer durchlässigeren leiblichen Organisation, um die mitgebrachten Impulse geltend machen zu können und sie ins Bewusstsein zu bekommen. Diese entsprechende Konfiguration der Leiblichkeit ist erst seit kurzer Zeit gegeben. Das ist die zweite Komponente, wie sie aus geistiger Sicht beschrieben werden kann. – Aus dem Zusammenwirken dieser beiden Komponenten – der geistigen und leiblichen – kommt dann die seelische Entwicklung im Rahmen der übrigen Umweltbedingungen zustande.

Streben nach Identität

Nun ergeben sich aber gerade durch diese geistig und körperlich anders geartete Konfiguration der Kinder in der Konfrontation mit den noch fester konstituierten Menschen der älteren Generation die bekannten Schwierigkeiten, die mit Recht als heftige Herausforderung erlebt werden. Das Kind befindet sich in einem anhaltenden Inkarnationsprozess und sucht eine immer stärkere Identifikation mit seinem bildsamen Leibe. Dazu ist es aber – anders als bei einem instinktgesteuerten Tier – in hohem Maße auf das Vorbild des Erwachsenen angewiesen. Aufrichtung, Gehen, Sprache, Denken werden anhand seines Vorbildes entwickelt.

Gerade weil der Entwicklungsprozess mit einem starken Willen zur Identität verbunden ist und der Weg dazu an dem Verhalten des Erwachsenen abgelesen werden muss, macht sich hier ein außerordentlich feiner Sinn bemerkbar für die Art und Weise, wie der Erwachsene mit sich selbst und seinen eigenen Gedanken, Gefühlen wie auch mit seinem Körper umgeht – und mit seinen Schwachen.

13. Das Diskrepanzerlebnis

In dieser Situation wird das Kind in der Regel auch mit allen Unvollkommenheiten und Diskrepanzen konfrontiert, die es beim Erwachsenen wahrnimmt. Es erlebt im frühen Stadium durch seine noch ausgebreitete Seele intensiv alle Regungen seiner Umgebung mit. Später wird auch das Auseinanderfallen zwischen Reden und Tun wie auch die Spaltung zwischen Gedanken, Gefühlen und Willensimpulsen der Erwachsenen mitempfunden. – Wo tritt ihm schon einmal ein interessanter Gedanke mit einem Gefühl der Freude oder Begeisterung entgegen? Wo kann das Kind eine Erkenntnis des Älteren so erleben, dass dieser seinen Willen zur Tat damit verbindet? Wenn das geschieht, entsteht die Empfindung: »Das stimmt, das ist wahr.«

Wenn aber Denken, Fühlen und Wollen nicht miteinander übereinstimmen, oder wenn Lehrer oder Eltern Gedanken absondern, die mit ihrer inneren und der äußeren Lebenswirklichkeit nichts zu tun haben, rhetorische Fragen stellen, die nicht echt bzw. nicht wirklich durchlebt sind, dann nimmt das Kind das als Unstimmigkeit wahr. Es ist nicht unbedingt so, dass jedes dieser Kinder Gedanken lesen kann – es gibt viele, die das können –, aber sie spüren dann zumindest: Da ist eine Diskrepanz zwischen dem, was die Mutter, der Lehrer oder ein anderer Erwachsener sagt, und dem, was er meint. Hierin besteht das Erlebnis der Unwahrhaftigkeit.

Je früher das Entwicklungsstadium ist, desto stärker wirken die geistigen Umstände auch prägend auf das Gehirn und die übrige Organisation. Das Kind fühlt sich daher im Unterbewusstsein gezwungen, sich auch durch etwas Unwahres in seiner Leiblichkeit prägen zu lassen, und das erzeugt leibliche

Irritation. Mit zunehmendem Alter werden dann alle stimmigen, vor allem aber unstimmigen Vorgänge auch verstärkt empfindungshaft wahrgenommen. Erlebt es in der Äußerung des Erwachsenen keine Realität, keine Wahrheit und Überzeugungskraft, reagiert es aus seiner eigenen ›mitgebrachten‹ Wahrheit irritiert und mit Widerwillen. Das wird mitunter bis in den physischen Leib als Schmerz empfunden. Die gesunde Reaktion ist: Es verschließt sich dieser Beeinflussung, und die Folge ist auf Dauer Vertrauensverlust!

Dagegen genießt das reifere Kind es geradezu, wenn der Erwachsene die eigene Schwäche oder Fehlerhaftigkeit eingesteht, die er in sich selbst erlebt, denn in solch einer eingestandenen Selbsterkenntnis liegt die wahre Kraft zur Identität – so paradox das klingen mag.

Es gehört zu der mitgebrachten Weisheit dieser Kinder, dass sie in der Tiefe ihres Wesens um ihre eigene entwicklungsbedürftige Unvollkommenheit wissen! Selbst wenn sie den ausgeglichenen und kraftvollen Menschen erhoffen und erwarten – und das kann ebenfalls als Widerspruch erscheinen –, so haben sie im Grunde auch kein Problem damit, wenn sie den Erwachsenen in seiner ehrlich eingestandenen Unvollkommenheit erleben, und sie lieben es, wenn er dann die Kraft hat, es zuzugeben und sagt: »Ich kann das nicht. Ich bin am Ende meiner Selbstbeherrschung. Ja, ich bin wütend gewesen, ich konnte nicht anders. Es tut mir Leid.« Wenn das dem Kind gegenüber offen zugestanden wird, entdeckt es die eigene Liebe für diesen Menschen, der diese Ehrlichkeit aufbringt. Das ist ein merkwürdiger Vorgang: Es erlebt in der ehrlich selbst eingestandenen Unvollkommenheit Kraft und Wahrhaftigkeit, im Aufrechterhalten der Illusion dagegen Schwäche und Lüge. In der Akzeptanz der realen Persönlichkeitsverfassung wird also Herstellung der Identität von dem Kind als etwas zutiefst Befriedigendes erlebt.

Es ist diese Ich-Kraft, die durch Wahrhaftigkeit eine wichtige Verbindung zwischen dem Ich des Kindes und dem des Erwachsenen schafft. Gerade die geistig wahrnehmungsstarken Kinder leiden jedoch darunter, wenn sie diese Ich-Präsenz nicht finden. Das hat die Folge, dass sie auch ihren eigenen unvollkommenen Körper nicht richtig annehmen, denn sie wollen ihn ja ergreifen und der Wahrheit und ihrem eigenen Wesen gemäß gestalten. Insofern brauchen sie den schon reifen Menschen als Entwicklungsvorbild – unbewusst. Sie wollen an ihm erleben, wie er mit sich selber umgeht, seine Unvollkommenheiten erkennt und sich bemüht, sie zu verändern. Aus diesem Grund ist es in Bezug auf das äußere Handeln für sie selbstverständlich, dass er auch als Erwachsener an seiner geistigen Weiterentwicklung arbeitet und ebenso, dass er sich an Vereinbarungen hält, die er mit ihnen trifft, so wie er das auch einem erwachsenen Partner gegenüber tun würde. Diese Konsequenz erwarten die Kinder. Geschieht das nicht, schmerzt sie das innerlich, es macht sie traurig und mutlos, das heißt, sie finden allgemein kein Vertrauen zu diesem irdischen Leben.

Die Folge ist unter anderem, dass sie sich nicht recht mit der eigenen Leiblichkeit verbinden wollen, weil diese irdische Welt nicht so ist, wie sie sie sich in der vorgeburtlichen Welt – die eine Welt der unverhüllten Wahrheit ist – erhofft haben. Denn sie wollen letztendlich als Täter und ganzer Mensch und nicht als Objekt und Besitztum angenommen werden.

Was ich hier versuche zu beschreiben, betrifft eine tiefere geistige Schicht des außerordentlich feinen kindlichen Nachahmungswillens, der seine Grundlage im ätherisch-energetischen Organismus hat und in einer vielschichtigen Wechselwirkung mit seiner menschlichen Umwelt steht. Das wird auch von vielen jüngeren Menschen im Rückblick auf eigene Sozial-Erfahrungen als »leibliche Wahrnehmungsfähigkeit« geschildert.

Partner sein

Solche Kinder wachsen schon früh in ihrem Ich, wenn ihr schlummernder Verantwortungswille auch durch existenzielle Probleme angesprochen wird. Eine alleinerziehende Mutter musste ihren drei Kindern mitteilen, dass die Haushaltskasse absolut leer sei und Geld nicht in Aussicht stehe: »Ich weiß nicht einmal, wie ich den nächsten Einkauf und die Straßenbahn bezahlen soll.« Da blühte ihr neunjähriger Sohn auf: »Kann ich dir helfen, Mama? Was können wir machen?« Sie fanden dann gemeinsam einen Weg, die Finanzprobleme der Familie zu lösen.

Lässt man solche Kinder also an der eigenen Bedrängung und Not teilnehmen, weckt dies ihr Mitgefühl, ihr Mitdenken, und sie finden vielleicht eigene, ungewöhnliche Lösungen.

Es sind also echte Lebensfragen, die ihre Kreativität wecken, und sie fühlen sich trotz ihrer äußeren, altersbedingten Kindlichkeit in ihrem Ich-Bewusstsein ernst genommen. Insofern wollen sie schon im frühen Alter in existenzielle Lebenssituationen einbezogen werden, da sie ohnehin erlebend daran beteiligt sind, sei es in der Familie, sei es in größeren Gemeinschaften, wie zum Beispiel der Schule.

Wird diese latent vorhandene Kraft nicht rechtzeitig gepflegt und beansprucht, beginnt sie zu vagabundieren und verkehrt sich ins Gegenteil. Das heißt aber, man muss ihnen zum Beispiel in der Schule schwierigere Aufgaben stellen als altersüblich und darauf vertrauen, dass sie sie auch ergreifen. Dadurch fühlen sie ihren frühen Drang zur Selbstständigkeit respektiert, und das schafft eine tragfähige Verbindung. Sie führen dann den besonderen Auftrag mit großer Liebe und Verantwortungskraft aus. Auch hier gelten sorgfältige Beobachtung und Gespür dafür, was dem Entwicklungsstand der Kinder gemäß ist.

Man kann dagegen aufgrund der allgemeinen Erkenntnisse, die der Waldorfpädagogik zugrunde liegen, natürlich einwenden: Wenn man Kinder zu früh belastet, schädigt sie das. Das gilt für diese Kinder mit früher und stark entwickelter Ich-Kraft nur bedingt. Denn wie früh diese neuen Kinder schon initiativ werden und ihre eigenen Fähigkeiten einsetzen, dafür habe ich schon am Anfang eine Reihe von Beispielen genannt.

Grundsätzlich enthält die Waldorfpädagogik im besonderen Maße alle Elemente, welche auch für diese neuen Kinder notwendig sind. Durch das vertiefte Verständnis ihres Wesens und ihrer anders gearteten Konstitution sowie durch die Besinnung auf die geistigen Quellen, aus denen sie ursprünglich geschöpft wurde, wird auch die zukünftige Pädagogik für das 21. Jahrhundert entwickelt werden können.

Falsche und wahre Autorität

Das Gegenteil von Inkarnationshilfe wird bewirkt, wenn eine falsche Autorität, die sich hinter einer Position oder Rolle versteckt, von den Kindern erlebt wird. Sie durchschauen die Maskierung sowie jede geschickt formulierte Argumentation, verschließen sich und werden unzugänglich. Wenn das häufig geschieht und die Begegnung zwischen erwachsenen Menschen und den Kindern nicht in einer offenen und hilfreichen Weise stattfindet, können sich auf Dauer Defekte bilden, die später als neuronale Dysfunktionen gemessen werden können. Diese sind dann bereits eine Folge der Fehlbehandlungen des in Ausbildung befindlichen Kindesorganismus.

Sollte jedoch eine erbliche Belastung vorliegen, ist es wichtig, dass man die entsprechenden Phänomene durch sorgsame Beobachtung rechtzeitig erkennt, nicht erst in der

Schulzeit. Handelt es sich jedoch bei einer Verhaltensauff-älligkeit um geistige Ursachen und Kräfte, welche bei der Individualisierung des Leibes mitwirken möchten, und diese durch Unverständnis zurückgedrängt werden, genügen oft nur wenige solcher Vorfälle, dass sich eine regelrechte Blockade bildet. Wenn sich das Kind zum Beispiel häufig nicht richtig erkannt oder ungerecht behandelt fühlt, bleibt sie für lange Zeit aufrechterhalten. Es kostet dann viel Mühe, sie wieder zu durchbrechen. Summieren sich diese Vorfälle zwischen dem Kind und anderen Menschen, kann sich eine regelrechte ›Inkarnationsbarriere‹ bilden, gegen die der innere Wille des Kindes mit allen möglichen Mitteln anzurennen versucht. Manche Verzweiflungstat, die sich in Zerstörung oder Selbstzerstörung auslebt, hat hier ihre Ursache.

Die Essenz dieser Einsichten ist: Seelisch-geistige Kräfte, die im Kind veranlagt sind, aber nicht erkannt oder gefördert werden, stauen sich zurück und pervertieren, sodass sie in destruktiver Form zur Erscheinung kommen.

Destruktive Formen

Die Gefährdungen zeigen sich bei Jungen und Mädchen unterschiedlich. Durch mangelnde Erlebnismöglichkeit und ungenügende Empfindungsschulung kann es gerade bei den intellektuell Hochbegabten zu einer regelrechten Flucht in eine ausschließlich intellektuelle Betätigung kommen, sodass der Gefühlsteil der Seele und damit auch Partien der rechten Gehirnhälfte unterentwickelt bleiben. Einfach gesagt: Herz und Kopf werden nicht miteinander verbunden und führen ein Eigenleben.

Willensbetonte Kinder leben dann die ungenutzten Kräfte in äußerer Überaktivität und Aggression aus, und die unerfüllte Erlebnissuche steigert sich bis zur Zerstörungswut.

Wenn von dem starken Selbstbewusstsein dieser Kinder gesprochen wird, so ist damit vor allem ein *Wissen um das eigene innere Wesen* gemeint. Es muss daher nicht immer in allen Fällen als äußere Selbstsicherheit zur Erscheinung kommen! Es kann gerade bei Mädchen ganz nach innen schlagen, sodass es die Form der Anpassungssucht annimmt, oder zum Manisch-Depressiven tendiert und in bestimmten Fällen als Neigung zur Selbstzerstörung auftritt.

Es besteht grundsätzlich auch noch eine weitere Gefährdung, die insbesondere bei einigen spirituell begabten Kindern bemerkbar wird. Das kann aus den vorangehenden Ausführungen deutlich werden: Die Bewusstseinsart in der vorgeburtlichen Welt ist nicht punktuell, sondern umgekehrt geistig peripher. Das heißt, das Bewusstsein ist wie ein riesiger Umkreis, der alle anderen Wesen und geistigen Vorgänge umfasst, wie es vorher geschildert wurde.

Eine Mutter beschrieb die eigene Erfahrung, wie sie die kosmische Dimension ihrer fünf Kinder aus ihrer Sicht nach der Empfängnis wahrnahm: »Ich erlebte die Seelen meiner Kinder am Anfang wie riesige, farbige, leuchtende Kugeln, die sich mir aus dem Kosmos näherten und mich umhüllten. In ihnen ›sah‹ ich auch den jeweiligen Charakter und das besondere Wesen der Kinder. Mit fortschreitender Schwangerschaft wurden sie immer kleiner, haben mich aber immer begleitet und umgeben, bis sie dann ganz klein wurden und sich mit dem physischen Körper des Kindes verbanden. Dann geschah das Eigenartige: Als ich nach der Geburt diesen kleinen Körper zum ersten Mal in den Armen hielt, leuchtete mir das Wesen, das ich zuerst aus dem Kosmos kommend gesehen hatte, jetzt wie aus der Gestalt entgegen. Mit zunehmender körperlicher Entwicklung verschwand dann zunächst diese Wahrnehmung. Aber im Laufe der Jahre kamen mir all die vorher gesehenen Eigenschaften der Kinder deutlich erkennbar als Verhaltensweisen in ihrem Denken, Fühlen und Handeln von außen entgegen, manchmal erst nach vielen Jahren.« Dieser kosmisch ausgeweitete Bewusstseinszustand, der hier aus menschlicher Sicht als riesige leuchtende Kugel beschrieben wird, sowie auch die ›Umstülpung‹ vom kosmischen in ein irdisches Bewusstsein gehen auch aus der Sicht der kindlichen Erinnerungen hervor. – Der Vorgang des langsamen Inkarnationsprozesses des ursprünglich riesigen ›Geistkeimes‹ wird aus geisteswissenschaftlicher Sicht detailliert ausgeführt.

Der Vorgang der Inkarnation

Rudolf Steiner schildert in seinen Vorträgen über Initiationserkenntnis, wie die Seele den Extrakt als einen »Geistkeim« aus früheren Erdenleben in die neue Inkarnation hineinträgt. »Dieser Geistkeim ist zuerst majestätisch und groß wie das Weltenall selber. Während der Mensch den Rückzug antritt in die physische Welt und die Generationen, von denen dann seine Eltern stammen werden, überschaut, von der geistigen Welt aus mittätig ist an dieser Generationenfolge, während dieser Zeit wird der Keim immer kleiner und kleiner …«[39] Ähnliches kennen wir von Flavio.

»Schon einige Zeit, bevor der Mensch als Seelenwesen selber heruntersteigt, schickt er diesen Geistkeim voraus. So daß der Mensch dasjenige, was er vorbereitet hat für seinen physischen Leib, eine Zeit lang, bevor er selber heruntersteigt in die physische Welt, voraussendet … Dadurch kommt er in die Lage, sich in ein Verhältnis zum ganzen kosmischen Äther zu bringen. Und er zieht als den letzten Akt dieses Herabsteigens aus den geistigen Welten die Kräfte aus dem gesamten Weltenäther heraus, aus denen er seinen Ätherleib formt. […]

So steigt der Mensch hinunter, nachdem er die rein geistigen Erlebnisse gehabt hat, zu einem neuen Dasein in der physischen Welt.«[40]

Dem geistig Beobachtenden zeigen sich noch weitere Ver-änderungen: »Der Hellseher sieht nun an dem Kinde, wie es in den allerersten Tagen und Wochen der Entwickelung um-geben ist von mächtig wirkenden Kräften, die dem zweiten Wesensteil des Menschen, dem Ätherleibe, angehören. Wir wissen, dass dieser beim heutigen Menschen etwa dieselbe Größe hat wie der physische Leib, beim Kinde aber noch sehr weit über den physischen Leib herausragt, besonders am Kopf. Und da ist nun auch dieses Arbeiten der Kräfte, das wie ein Lichtspiel sich ausnimmt für den Hellseher, besonders lebhaft. Es ist wunderbar anzusehen, wie gewisse Kräfte aus dem Körper von unten herausschießen, wie es dann von oben herunterstrahlt, vom Genick, von allen Seiten her und da, wo sich die Haare wirbeln, in ein lebendiges Spiel der Kräfte ausstrahlt, zu einem astralisch-ätherischen Lichtspiel wird im Ätherlieb des Kindes, das sich dann mit der Zeit immer mehr verliert. In diesem Lichtspiel liegen die Kräfte, die jene phy-sischen Verbindungsglieder [Synapsen] im Gehirn schaffen. Das Gehirn wird erst in der Zeit gestaltet, wenn das Kind schon geboren ist, und zwar aus einer geistigen Substanz heraus. Vierzig bis fünfzig Kräfteströme können Sie da zusammenar-beiten sehen – aus ihnen ist der Lichtkörper zusammengesetzt –, ein wunderbares Schauspiel, wenn Sie so das Kind in den ersten Lebenswochen beobachten. Allmählich dringt dieser Lichtkörper in das Gehirn des Kindes hinein, ist dann drin-nen. Erst war der Ätherleib des Kindes draußen, er umgab den Kopf, war ganz primitiv; ihn umgab ein Lichtkörper, aus dem er Kräfte sammelte, und nun geht er allmählich in den Kopf des Kindes hinein, sitzt da drinnen als der komplizierte Äther-organismus. Das ist das Wundervolle an der Entwickelung, dass alles Physische aus der geistigen Welt heraus konstruiert ist, aus dem Geistigen heraus gearbeitet ist, welches wir dann selbst aufnehmen. Das Seelische hat sich zuerst die Behau-sung ausgearbeitet, in der es dann wohnt.«[41]

Die amerikanische Psychotherapeutin Barbara Ann Brennan beschreibt den Inkarnationsvorgang nach der Geburt noch weiter: »Nun beginnt der Prozess des langsamen Erwachens in der physischen Welt. Zunächst schläft das Baby noch sehr viel. Die Seele hält sich noch in den höheren Energiekörpern auf. Sie überlässt den physischen und den ätherischen Körper ganz der Aufgabe des physischen Wachstums. In der Anfangsphase muss sich das Kind an die Begrenzungen der dreidimensionalen Welt mit den zu ihr gehörenden Empfindungen gewöhnen. Ich habe oft gesehen, dass Neugeborene dabei große Schwierigkeiten haben. Sie haben immer noch ein gewisses Bewusstsein der geistigen Welt bewahrt, und es fällt ihnen schwer, ihre geistigen Spielgefährten und geistigen Eltern loszulassen und ihre Zuneigung auf die neuen Eltern zu übertragen ... Sie kämpfen damit, sich in den engen Grenzen ihres kleinen Körpers zurechtzufinden. – Wenn sie ihren physischen Körper verlassen und ich sie in ihren höheren Körpern wahrnehme, dann erscheinen sie oft als Geistwesen von mehr als drei Meter Größe. Es fällt ihnen sehr schwer ... sich mit der Erde zu verbinden.«[42] [Skizze 5 A + B]

Diese aus geisteswissenschaftlicher Sicht gewonnenen Erkenntnisse, dass das Gehirn »plastiziert« und so zu einem individuellen Werkzeug für die Sinnenwelt gemacht wird, ergänzen die naturwissenschaftlichen Beobachtungen der modernen Gehirnforschung von John Eccles und anderen, indem sie auf die geistigen Kräfte eingehen, die an der Bildung des Gehirns beteiligt sind.

Die physische Geburt des Kindes bringt also eine äußerste Zusammenziehung und Umgewöhnung des Bewusstseins mit sich. Dennoch bleibt dies für irdische Verhältnisse peripher um den noch gestaltungsbedürftigen Körper ausgebreitet. Wenn nun dieses aus der Peripherie wirkende Ich, welches Körper und Gehirn gestalten möchte, wegen vielfältiger Umstände und Behinderungen keinen gesunden Inkarnations-,

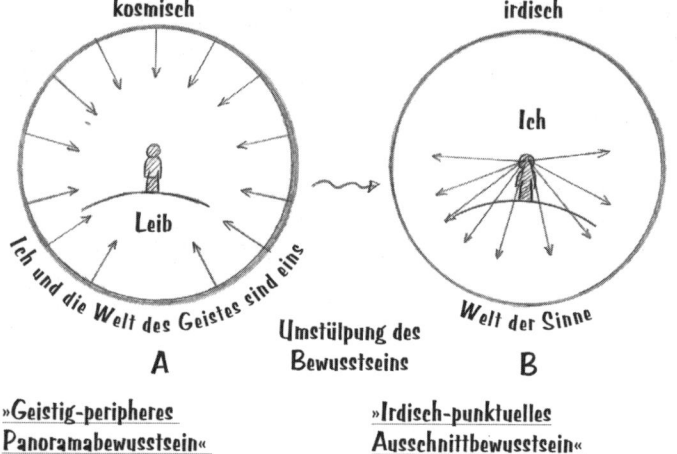

kosmisch   irdisch

Ich

Leib

Ich und die Welt des Geistes sind eins

Welt der Sinne

A   Umstülpung des Bewusstseins   B

»Geistig-peripheres Panoramabewusstsein«	»Irdisch-punktuelles Ausschnittbewusstsein«
Nachklang der vorgeburtlichen Welt. Das Kind schaut auf sich und die Welt »von aussen«. Dieses Bewusstsein ist gegeben, geht aber zunächst verloren.	Durch die Sinnenorganisation lernt das Kind auf die Welt zu schauen und fügt Teil für Teil wieder zu einem ganzen Weltbild zusammen. Dieses muss erarbeitet werden.

Skizze 5: Die kindliche Entwicklung verläuft in einer allmählichen Umwandlung des kosmischen in ein irdisches Bewusstsein mit allen möglichen sich durchdringenden Zwischenstufen

d.h. Identifikationsprozess durchmachen kann, kommt es nicht zu dem notwendigen punktuellen Ich-Bewusstsein, denn dieses muss ja leiblich den physischen Sinnesorganismus durchdringen und ihn benutzen lernen.

Die Umwandlung des kosmischen in ein irdisches Ich-Bewusstsein

Dieser Verdichtungs- und Zusammenziehungsprozess ist die Bedingung, dass die ursprünglich kosmische Wahrnehmungsart sich zu irdischen Bewusstseins-, Selbstgestaltungs- und Entscheidungskräften umwandelt. Geschieht das nicht und verbleibt ein zu hohes Maß dieses ganzheitlichen Panoramabewusstseins, fehlt die Kraft zur Konzentration sowie zur entschiedenen Lebensgestaltung. Es bleibt bei dem Jugendlichen und späteren Erwachsenen eine Art fluktuierendes Traum-Ich, welches sich von einem spirituell faszinierenden Ereignis zum anderen fortreißen lässt und sein Leben und Handeln nicht ›auf den Punkt‹ bringt.

Grenzenlosigkeit im Geistigen erscheint dann als Maßlosigkeit in der irdischen Dimension. Es fehlt dann die nötige Entscheidungskraft zur selbstbestimmten Lebensführung. Das Paradoxe dabei ist, dass solche Menschen zwar für sich selbst kreativ sind und interessante Ideen und Impulse haben, häufig aber Einzelgänger bleiben und wenig Kraft zu einem kontinuierlichen kollegialen Zusammenarbeiten zeigen. Und hier würden sie erst ihre wahre Kraft entfalten können.

Mit welchen Mitteln bei solchen Kindern ein gesunder Ausgleich erzielt werden kann, ist in anderen Zusammenhängen ausführlich beschrieben worden. Es geschieht durch verstärkte Empfindungsschulung, Begegnung und Auseinandersetzung mit den realen Elementen der Welt, existenzielle Naturerfahrungen, Gemeinschaftsrituale, entsprechende Spiele, Erlebnispädagogik und anderes mehr. Das Gemeinsame all dieser Unternehmungen besteht darin: Sie müssen von den Kindern und Jugendlichen in ihrem existenziellen Charakter erlebt werden, nur dann wird auch ihre eigene innerste Existenz berührt und aktiviert.

Alle pädagogischen und therapeutischen Maßnahmen sind wichtige Hilfen – besonders bei fortgeschrittener Entwicklung. Sie ersetzen aber nicht, was durch die unmittelbare innere Zuwendung des Menschen bewirkt werden kann, durch höchste forschende Aufmerksamkeit und Liebe.

14. Eine Zusammenfassung

Indigo-Kinder und viele andere Kinder der neuen Zeit haben ein höheres Bewusstsein ihres geistigen Wesens und häufig auch Erinnerungen an frühere Daseinsformen.

Dieser geistige Teil ist bei diesen Kindern früher und stärker präsent als bei anderen. Er wird für die hellsichtige Beobachtung als geistige Ausstrahlung der Aura in der Indigo-Farbe und anderen Blautönen wahrgenommen. Diese Kinder wissen oder fühlen daher stärker, wer sie sind, was sie wollen und machen es durch unterschiedlichste Verhaltensformen geltend. Ihr Bewusstsein verläuft zum Teil in anderen Raum- und Zeitdimensionen. Ihre geistig-leibliche Konstitution ist anders und weniger dicht gefügt, als es bisher die Regel war.

Diese Verfassung ermöglicht sowohl, dass der eigene geistige Persönlichkeitskern sich stärker zum Ausdruck bringen kann, als auch, dass die geistigen Kräfte der Umgebung unmittelbarer wahrgenommen werden.

Die Erscheinungsweisen sind außerordentlich individuell. Sie reichen von einem extrem reichen Innenleben bis hin zu einem hoch aktiven Ausleben.

Durch Unverständnis und falsche Behandlung kann es zu signifikanten Fehlentwicklungen kommen, die sich in der Folge auch in der Gehirnbildung ausprägen.

Was sie von uns erwarten

- Der Entwicklungs- und Inkarnationsvorgang verläuft oft schwieriger und braucht mehr individuelle Erkenntnis und Zuwendung durch den Erwachsenen.

- Sie haben ein anderes Verhältnis zu ihrem durchlässig konstituierten Körper, den sie sich gemäß ihrer besonderen geistigen Begabungen als Instrument ihres Wesens gestalten müssen.

- Sie brauchen die forschende und fragende Aufmerksamkeit und Hilfe der Eltern und Erzieher. Die stärkste Kraft der Wahrnehmung ihres Wesens ist die Liebe zu ihnen.

- Trotz dieser Hilfsbedürftigkeit für ihre körperlich-soziale Entwicklung grenzen sie sich früh vom Erwachsenen ab und erwarten, als eigenständige Persönlichkeit behandelt zu werden.

- Sie erleben die Vorgänge ihrer Umgebung intensiv mit und erwarten, dass dieses Erleben ernst genommen wird. Das gilt besonders für ihre spirituellen Wahrnehmungen. Sie erzählen davon gern, wenn man sie ernst nimmt. Sie lernen dabei, Bilder und Gefühle in Gedanken zu formen.

- Sie erwarten, dass sie bei Gesprächen wie Erwachsene behandelt werden und dass der geistige Teil ihres Wesens anerkannt wird. Auch wenn sie noch nicht alles verstehen; sie spüren die Absicht und Gesinnung.

- Sie erwarten Erklärungen und wollen in Entscheidungen einbezogen werden. Das bedeutet für den Erwachsenen: sich Zeit nehmen, fragen, reden, Vorschläge machen, Vereinbarungen treffen.

- Sie möchten schon früh am Leben beteiligt werden, zu existenziellen Problemen ihre eigenen Lösungsvorschläge einbringen und ihre Kreativität einsetzen. Sie erwarten, dass man ihnen interessante Aufgaben anvertraut und Ziele setzt.

- Ihr Ich fühlt sich angesprochen, wenn sie zu Entscheidungen aufgerufen und in die Verantwortung genommen werden. Sie erwarten, dass auch der Erwachsene sich an die getroffenen Vereinbarungen hält und auch selbst das tut, was er von ihnen erwartet.

- Sie wollen mit ihrem eigenen inneren Wesen dem Ich des erwachsenen Menschen begegnen. Daran erwachen und reifen sie. Dieses Ich gibt den Seelenkräften – Denken, Fühlen, Wollen – ihr eigenes individuelles Gepräge und gestaltet die inneren und äußeren Lebensvorgänge. Diese Formkraft erwarten die Kinder auch beim Erwachsenen durch konsequentes zuverlässiges Handeln, als sinnvolles Begrenzen seines naturgemäß ausufernden und grenzenlosen Wesens.
- Sie wissen im Grunde um ihre Entwicklungsbedürftigkeit und akzeptieren nüchterne Beurteilung. Sie erwarten aber auch, dass der Erwachsene sich gleicherweise in den Blick nimmt und den Willen hat, sich weiterzuentwickeln. Es wird Ehrlichkeit und Wahrhaftigkeit erwartet.
- Sie erwarten ein Gespür für ihren eigenen Entwicklungsstand.
- Sie haben Verständnis für die Schwierigkeiten des Erwachsenen und sind tolerant, wenn er diese eingesteht.
- Damit sie ihren Körper und ihre Sinnes-Nerven-Organisation durchdringen und durchstrukturieren können, muss die geistig-intellektuelle Begabung durch eine verstärkte Sinnes- und Empfindungsschulung ausgeglichen werden.[43]
- Eine Hilfe ist für sie – bei aller Eigenständigkeit – körperliche Berührung, Wärme, Gemeinsamkeit und tägliche ›Rituale‹. Das fördert den Inkarnationsprozess.
- Wenn sie sich von Gefühlen oder Bildern aus früheren Leben bedrängt fühlen, ist es eine Hilfe für sie, offen und verständnisvoll darüber zu sprechen.
- Allein der Gedanke der wiederholten Erdenleben und das Gespräch darüber kann eine erstaunliche Hilfe zum Selbstverständnis sein und vermittelt Sicherheit.
- Wenn sie Ereignisse und Wesen aus anderen, nicht materiellen Dimensionen erleben, erwarten sie das ernsthafte

Gespräch darüber und die Hilfe des Erwachsenen zum klärenden Verständnis ihrer Erfahrungen. Das verschafft ihnen Sicherheit und beruhigt.

- Aus der selbst hergestellten Ruhe heraus wird es möglich sein, mit Kindern Gespräche zu führen, die nicht aus der spontanen und emotionalen Reaktion stattfinden. Wählen Sie einen ruhigen Ort und lassen Sie das Kind erleben, dass Sie mit ihm gemeinsam eine Lösung suchen.

Selbsterkenntnis des Erwachsenen

Die Voraussetzung ist auch hier die Selbsterkenntnis des Erwachsenen und sein bewusster Umgang mit geistigen und seelischen Tatsachen, sowie ein Bemühen, sich die nötigen Kenntnisse zu erwerben.

Der Wille zur Selbsterkenntnis, zur Selbstbeherrschung und Selbstverwandlung macht den Erwachsenen zum akzeptierten Partner des Kindes – das ist seine Erwartung.

Die Geduld, die wir mit uns selbst und mit unseren Schwächen haben, muss zur Geduld mit den Entwicklungsschwierigkeiten des Kindes werden, denn diese Kinder brauchen mehr Aufmerksamkeit, mehr Geduld und vor allem Liebe für das Geistige, was in ihnen zur Erscheinung kommen möchte.

Wodurch verbindet sich der geistige Teil der Kinder mit der noch unvollkommenen Körperlichkeit, die von der geistigen Dimension gesehen als eng, materiell, schwer und undifferenziert erlebt wird? Es ist das wache Gespür für den jeweiligen Entwicklungsstand, das forschende Verständnis und vor allem die Liebe, die ihnen entgegengebracht wird. Sie ist die eigentliche Substanz, die durch unendlich vielfältige Prozesse Geist und Körper zusammenfügt, harmonisiert und ein kraftvolles Innenleben fördert.

Damit ist wohl das Wichtigste genannt, was die Kinder von all den Menschen erwarten, die den Verkörperungsprozess auf der Erde schon bis zu einem bestimmten Grade vollzogen und Erfahrungen darin gemacht haben. – Es ist bitter, wenn Millionen Kinder das krasse Gegenteil davon erleben.

Daraus resultiert eine wesentliche Einsicht der spirituellen Psychologie: »Wir müssen erst mit den Eltern arbeiten, denn das Kind will erleben, dass die Eltern auch an sich arbeiten und sich verwandeln. Dann kommen die Lehrer dran. Und nun erst ist es sinnvoll, mit den Kindern zu arbeiten.«[44]

Die konkrete Aufgabe für Eltern und Erzieher heißt daher in jeglicher Hinsicht: suchen, fragen, prüfen, bewegen, keine schematischen Vorstellungen ungeprüft anwenden, lebendiges Beobachten, um zu eigenen neuen Begriffen zu kommen, da jedes kindliche Ich und sein Gesamtwesen einmalig ist. – Das alles heißt für den Erwachsenen: sein eigenes Ich aktivieren. Was uns in den Kindern begegnet, scheint vieles, was bisher an gesichertem Wissen gewonnen wurde, infrage zu stellen. Alle Erklärungsansätze sind nur Annäherungen und Wege zum Verständnis, das wir letztendlich allen Kindern in diesem neuen und dramatischen Jahrtausend entgegenbringen müssen. Denn gerade an den extremen Verhaltens- und Erscheinungsformen kann auch der Sinn für das Wesen *aller* Kinder geschärft und gebildet werden.

Entwicklungshilfen und Behinderungen

Welche Umweltbedingungen finden nun diese Kinder mit ihren oft erstaunlichen sozialen, künstlerischen, intellektuellen und spirituellen Begabungen vor? Sicher ist, dass alle diese Kräfte zur Vermenschlichung und Spiritualisierung der Zivilisation gebraucht werden. Aber ist es gesichert, dass sie ihren Weg finden und sich geltend machen können?

Es gibt bei vielen spirituell orientierten Menschen eine gewisse Euphorie für die Zukunftsentwicklung, die auf die positive spirituelle Begabung dieser Kinder aufbaut. Sicher liegen hier Entwicklungsmöglichkeiten und berechtigte Hoffnungen, zugleich aber gibt es große Verführungen und den massiven Einsatz zur Verdrängung und Unterdrückung dieser Kräfte durch die einseitige und auf Bequemlichkeit ausgerichtete materialistische Lebensauffassung.

Barbara Simonsohn, selbst Mutter von zwei Indigo-Kindern, hat in ihrem Buch *Hyperaktivität*[45] einerseits eine ganze Reihe von hilfreichen Methoden zusammengetragen, andererseits auch Untersuchungen über Umwelteinflüsse genannt, die behindernd und schädigend auf die physische Organisation einwirken. Auch sie nennt verschiedene therapeutische Möglichkeiten, mit denen den Kindern bei ihrer Entwicklung ausgleichend geholfen werden kann. Es gibt eine ganze Anzahl solcher Möglichkeiten, angefangen von der klassischen Homöopathie bis zu körperlichen und geistigen Übungen, die angewendet werden können. Auch die sorgfältige Auswahl der Ernährung spielt eine große Rolle. Eine große Gefährdung sieht auch sie dagegen in dem zunehmenden Einsatz des mit dem Kokain verwandten chemischen Mittels Ritalin als Stimulans, um »Kinder mit ihrer störenden Lebhaftigkeit zum Stillsitzen zu bringen«. Wenn es regelmäßig und langfristig eingenommen wird, hat es unmittelbare Wirkungen auf das Nervensystem sowie auch auf die Sinneswahrnehmungen und den Grad der Bewusstseinshelligkeit. Die Kinder werden für den Erwachsenen bequemer und ›handhabbarer‹. Aber genau hier liegt der massive Eingriff in die Persönlichkeitsstruktur und den individuellen Entwicklungsverlauf.

Der Verbrauch dieses Mittels, vor dem viele kritische Ärzte und Psychologen bis hinauf in die Weltgesundheitsorganisation (WHO) warnen, hat sich im vergangenen Jahrzehnt in Zwei-Jahres-Schritten weltweit jeweils verdoppelt, 1995 waren es bereits 10 Tonnen! In Schweden ist es wegen Suchtgefährdung verboten.

Das amerikanische Ärztepaar Judyth Reichenberg-Ullmann und Robert Ullmann[46] legte 1996 eine Untersuchung vor, die besonders sorgfältig und detailliert beschreibt, welche Konsequenzen die Ritalin-Behandlung von Kindern mit der Diagnose ADHS haben kann. Dieses hilfreiche Buch enthält eine kritische Auseinandersetzung mit der kurzfristigen Wirksamkeit von Ritalin und ähnlichen Stimulanzien. Darüber hinaus beschreiben die beiden Ärzte ihre jahrelangen positiven Erfahrungen mit homöopathischer Medizin.

Alarmiert durch die rapide steigende Zahl der Kinder, die zur Einnahme dieser Mittel gezwungen werden – wobei die Gewalttätigkeit an vielen Schulen trotzdem zunimmt –, richten sie den dringenden Appell an die Betroffenen, nach alternativen Behandlungsmethoden zu suchen.

In den USA gab es 1996 schätzungsweise 4 Millionen ADHS-Kinder, 90% (davon 80% Jungen) mussten die genannten Psychopharmaka einnehmen. Auch die Zahl der mit ADHS diagnostizierten Erwachsenen stieg innerhalb von neun Jahren auf das Siebenfache; die Anwendung der Stimulanzien erhöhte sich entsprechend – sowie auch ihr Missbrauch als Suchtmittel.

»Ich fühle mich wie ein Zombie«

Das Institut für kindliches Verhalten und kindliche Entwicklung an der Universität Illinois befragte Kinder, die Ritalin nahmen, über ihre Erfahrungen und Gefühle. Die Ergebnisse waren schockierend. Die allermeisten mochten Ritalin nicht, viele hassten das Medikament sogar, logen aber ihren Arzt über die Einnahme und ihre Einstellung an. Nur 29%

der befragten 52 Kinder hatten eine positive oder neutrale Haltung zu Ritalin. 42% »hassten« die Pillen oder »mochten sie nicht«. Sechs Kinder klagten über depressive Gefühle wie »keine Lust zu spielen«, »es macht mich traurig«, »ich lächle nicht mehr«, »ich habe zu nichts mehr Lust«. Sieben beschrieben ein Gefühl, wie auf Drogen zu sein, wie Benommenheit, »spacy zu sein« oder »es übernimmt die Kontrolle über mich«. Zehn der Kinder berichteten von negativen Veränderungen ihrer Persönlichkeit wie: »Ich fühle mich wie ein Baby«, oder »Ich fühle mich nicht mehr wie ich selber«. Eines der Kinder sprach von einem Rebound-Effekt, es fühle sich »wild«, wenn die Wirkung von Ritalin nachlasse.[47] Die häufig auftretenden schwerwiegenden Nebenwirkungen sind auf dem Beipackzettel nachzulesen.

Die meisten der befragten Kinder erzählten über negative psychische Reaktionen unter Ritalin-Einnahme, z.B. unerwünschte körperliche Symptome wie Schlaflosigkeit, Gewichtsabnahme und Magenschmerzen. Sechzehn der Kinder empfanden die Einnahme von diesem Stimulans als »eine Quelle von Scham und Peinlichkeit«. Eines der befragten Kinder sagte schlicht: »Ich fühle mich wie ein Zombie.«

Forscher vom NIMH (National Institute for Mental Health), einer US-Organisation zur Förderung von mentaler Gesundheit, stellten fest, dass die Kinder durch die Einnahme dieses oder ähnlicher Psychopharmaka in ihrer Persönlichkeitsentwicklung zurückgeblieben waren und kein Über-Ich entwickelt hatten. Die Untersuchungen führten auch dort zu einem ähnlichen Ergebnis: Die Kinder entwickelten zu wenig Selbstwertgefühl und dachten, sie seien »schlecht« und »böse«. Die meisten berichteten, dass sie müde und antriebsarm wurden. »Wenn ich Ritalin genommen habe, habe ich zu nichts mehr Lust.« – »Ich bin viel müder und zu faul, viel zu machen.« Zum Teil wurde auch von überschüssiger Energie berichtet, gefolgt von Müdigkeit. Ritalin scheint die

Energie für spontane Handlungen zu drosseln und normales spontanes Verhalten zu verflachen sowie die individuelle Kreativität und Spontaneität einzuschränken. Dieses Phänomen wird auch von Erwachsenen berichtet, die in kreativen Berufen arbeiten. Viele berichten, dass durch Ritalin ihr Leben zwar organisierter und ihr Arbeitstag leichter wurde, ihre Kreativität aber auszutrocknen schien.

Wenn sich durch mangelndes Verständnis und jahrelange Fehlbehandlung erst einmal schwerwiegende Verhaltensstörungen und neuronale Defekte aufgebaut haben, mag es aus ärztlicher Sicht kurzfristig als ein vertretbares ›Notfallmittel‹ erscheinen. Ein Dauergebrauch scheint mir jedoch aus all den angeführten Gründen entwicklungspsychologisch äußerst kurzsichtig zu sein. – Was geschieht, wenn das Mittel abgesetzt wird, die Kinder und Jugendlichen wieder zu sich selbst ›erwachen‹ und die volle Verbindung zu ihrem abgeschnittenen Persönlichkeitskern wieder herzustellen versuchen? Wie werden sie reagieren, wenn sie entdecken, dass man sie auf ein bequem handhabbares Gattungswesen reduziert und ihnen jahrelang ein Stück ihrer individuellen Seelenentwicklung und damit ein Stück ihres Lebens geraubt hat? Muss sich in ihnen nicht ein tiefgründiger Zorn gegen die verantwortliche Erwachsenenwelt geltend machen, falls er nicht schon vorher in spontanen und abrupten Gewalttätigkeiten zum Ausbruch kam? – Es liegen zwar noch keine ausreichenden Untersuchungen zu diesen Vermutungen vor, alle Einzelsymptome weisen aber in diese Richtung. Da es Millionen von Kindern auf der ganzen Welt sind, die mit dieser Droge behandelt werden, kann man ermessen, welche starke Behinderung sie für diese Kindergeneration darstellt, ihre mitgebrachte Aufgabe als geistige Wesen auf der Erde zu erfüllen.

15. Die Herausforderung

Was ist nun die besondere Aufgabe und Mission, von der diese Kinder sprechen, wenn man sie reden lässt? Gewiss, sie bringen spirituelle Botschaften mit, erinnern sich an frühere Leben, können von der geistigen Welt reden, sie sehen elementarische Wesenheiten und die Aura der Menschen, können Gedanken lesen und bringen kreative neue Ideen in die Welt. Ist das ihre Botschaft?

Mir scheint hier noch eine andere Dimension deutlich zu werden: Es sind die Anforderungen, die sie in immer größerer Zahl an uns stellen, das heißt an uns Erwachsene, an Eltern, Erzieher: »Werdet euch eures *eigenen* geistigen und seelischen Wesens bewusst und besinnt euch auf eure eigene schöpferische Ich-Kraft!« Das bringt aber die außerordentlich unbequeme Anforderung mit sich, Erziehungsgewohnheiten und andere Konventionen zu überprüfen, neu sehen und beobachten zu lernen und uns selbst weiter zu entwickeln. Dazu hilft die Frage: »Was ist das, was mir in *diesem Kind* gegenübersteht?« Sie fordert zugleich auch die andere heraus: »Was steht denn in *mir* dem Kinde gegenüber?«

Es gilt herauszufinden: Wie bringen diese Kinder etwas Neues in die Zivilisation hinein? Die Zahl dieser neuen Kinder wird immer größer. Sie sind mit besonderer Intelligenz, mit Spiritualität und mit beeindruckenden Willenskräften sowie anderen seelischen Eigenschaften ausgestattet. Damit bringen sie ihr eigenes Ich nachdrücklich zur Geltung. Das heißt aber: Der Erwachsene muss nicht nur seine Gedanken und Emotionskräfte, sondern auch seine eigene höhere Ich-Kraft aktivieren, sonst ist er ihnen nicht gewachsen. Und damit werden die Kinder Erzieher der Erwachsenen; natürlich ohne dass sie sich dessen unmittelbar bewusst wären. Sie erziehen ihre Eltern zur Selbsterkenntnis und Selbstverwandlung, sodass diese sich stärker auf sich selbst besinnen und fragen müssen: Wer bin ich – nicht nur als Vater, als Mutter –, sondern: Wer bin ich als Mensch, und welche Aufgabe habe ich an mir selbst?

Was die Kinder hierdurch provozieren, kann zu einer neuen Anschauung des Lebens führen, die dann auch durch die ältere Generation in die Kultur hineinwirkt, in die Pädagogik, Medizin und in alle Lebensformen. Darin sehe ich die eigentliche Herausforderung: Es ist eine konkret praktizierte Sichtweise des Menschen und der Welt, welche die seelische und geistige Dimension als Realität mit einschließt.

Ihre Mission und unsere Aufgabe

»Wir haben eine Mission. Wir bringen nicht nur Weisheit mit auf die Erde und ein Wissen, das wir vor der Geburt auch schon hatten und wo wir uns verabredet haben. Wir haben uns unsere Eltern bewusst ausgesucht.« Und: »Sie müssen sich verwandeln lassen.« So klingt es durch die verschiedenen Erzählungen. Sie kommen mit einer solchen Sicherheit auf die Erde, dass sie in ihrer provozierenden Art die gleichen Kräfte hervorlocken, die sie selbst in sich tragen.

So ist jeder Einzelne im täglichen Leben herausgefordert, das Rätsel Mensch zu lösen: Was ist der Mensch und seine unsterbliche Individualität? Was ist das menschliche Ich? Was geschieht wirklich bei der Geburt und der Entwicklung eines Kindes? Es bleibt nicht mehr der Wissenschaft, dem Neurologen, nicht mehr der psychologisch orientierten Bewusstseinsforschung überlassen, diese Frage anzugehen. Jeder Einzelne, der mit solchen Kindern zu tun hat, ist dazu aufgefordert und tut gut daran, die Kinder in seine Forschung mit einzubeziehen, zu fragen, ihnen zu helfen sich zu formulieren, damit sie nicht nur ihren Intellekt und ihren Kopf, sondern auch ihr Herz mit einbringen können, um ihre Aufgabe zu erfüllen. Das heißt auch, sie zu unseren Partnern zu machen, soweit das altersgemäß von ihnen ersehnt wird. Und das geht nur durch unendlich viel Geduld und unendlich viel Liebe. Das mag als große Anforderung erscheinen, doch was in der alltäglichen Praxis zählt, ist das ständige Bemühen darum.

Ich habe den Eindruck, wir stehen schon seit längerem in einem Zeitenbruch, in dem wir gezwungen sind, auf das hinzuschauen, was durch Kinder als Neues auf die Welt kommt. Das heißt: sowohl auf ihre eigenen Seelen und ihre Gedankeninhalte schauen, als auch beachten, was sich ändert – und das ist anders und existenzieller, als wir es gewohnt sind.

Sie sind viele, und es werden immer mehr von ihnen geboren. Das heißt, im Grunde müssen wir uns alle – nicht nur Eltern, Erzieher, Psychologen, Ärzte – auf eine Entwicklung ›vorbereiten‹, in der wir eigentlich bereits mittendrin stehen, auch wenn es von den meisten nur widerwillig oder zögernd zur Kenntnis genommen wird.

Es ist das indigofarbene Zeitalter der Bewusstseinsseele, das die Aufgabe enthält, den tiefgreifenden Erkenntnissen über die *materielle* Welt, ein klares Wissen über das *geistige* Wesen des Menschen und der Welt hinzuzufügen. Dabei sind die beiden Möglichkeiten gegeben, die auch in der Farbe Indigo enthalten sind: Die eine Richtung in diesem Blau ist das Düstere, Schwarze, das auf die zerstörerischen Kräfte des hohen und kalten Intellekts und sein ungehemmtes Machtstreben hinweist, wenn die Kräfte des Herzens nicht zur Geltung kommen können.

In die andere Richtung kann es sich aufhellen zum durchlichteten Blau oder zum durchwärmten Blau-Violett. Dann wird es zum Ausdruck des spiritualisierten Denkens, welches vermittelnd und ausgleichend wirken will.

In welche der beiden Richtungen sich nun die Indigo-Kinder als Kinder der neuen Zeit entwickeln, hängt davon ab, ob und wie die Aufgabe von uns erkannt und angenommen wird. Darin liegt die Herausforderung.

Durch Interesse, Frage- und Dialogfähigkeit, mit Liebe, Aufrichtigkeit und Wahrhaftigkeit entwickeln wir im Umgang mit ihnen aber auch unser eigenes Ich und den spirituellen Teil unserer Persönlichkeit – genau das wollen diese Kinder erreichen [Anhang 5].

Und in dem Maße, in dem ihnen das gelingt, erfüllen sie ihre ›Mission‹. Und so kommt Neues in unsere zukünftige Kultur. »Denn diese Kinder tragen in sich das Vermächtnis der Zukunft, das die Gegenwart sucht:

– Geistesgegenwart. –«

Anhang 1

Übungen zur Selbsterkenntnis und Stärkung der Persönlichkeit

Wie kann man nun der Herausforderung gerecht werden, der sich jeder Mensch der Gegenwart gegenübersieht?

Während der vergangenen Jahrzehnte habe ich in meinen Kursen für Konzentration und Meditation die Wirksamkeit ganz elementarer Übungen erfahren können, die sich in verschiedenen Variationen in der geisteswissenschaftlichen Literatur finden. Sie wurden von vielen Menschen als hilfreich und grundlegend bestätigt.

Wenn man sie regelmäßig praktiziert, sind erste Schritte möglich, um sich in seinen individuellen Eigenarten besser in den Blick zu bekommen. Gleichzeitig wird der Kern der Persönlichkeit, das eigene Ich, für alle Begegnungen gekräftigt.

Es handelt sich um Übungen, die seit vielen Jahrtausenden von Menschen, welche eine geistige Entwicklung angestrebt haben, in verschiedenen Formen praktiziert wurden. Rudolf Steiner hat sie für die Gegenwart neu gefasst, und sie sind für viele Menschen nichts Unbekanntes mehr.

Drei Möglichkeiten möchte ich für diesen Zusammenhang in kurzer Form anführen. Die erste ist:

Die Tagesrückschau

Man nimmt sich am Abend vor dem Zubettgehen fünf bis zehn Minuten Zeit und versucht, sich den Verlauf des Tages rückwärts vorzustellen, und zwar so, dass man sich selbst wie einem Fremden von einem erhöhten Standort aus zuschaut. In Bildern lässt man die einzelnen Etappen des Tages vor dem geistigen Blick vorbeiziehen, etwa wie einen rückwärts laufenden Film. »Man gelangt zu einer gewissen Praxis in solcher Selbstbeobachtung, wenn man mit der Vorstellung einzelner kleiner Teile dieses Tageslebens den Anfang macht. Man wird dann immer geschickter und gewandter in solcher Rückschau, so daß man sie nach längerer Übung in einer kurzen Spanne Zeit vollständig zustande bringen wird. Dieses Rückwärts-Anschauen der Erlebnisse hat für die geistige Schulung einen besonderen Wert, weil es die Seele dazu bringt, sich im Vorstellen loszumachen von der sonstigen Gewohnheit, nur dem Verlauf des sinnenfälligen Geschehens mit dem Denken zu folgen.«

Dadurch wird das bildhafte Denken und das Gedächtnis gestärkt. Man lernt auch sein wirkliches Verhalten anderen Menschen, auch Kindern, gegenüber sich selbst objektiver bewusst zu machen und kann sich vornehmen, zukünftige Situationen anders zu gestalten. Da die Gefahr besteht, sich in Einzelheiten zu verlieren, nimmt man anfangs größere Etappen und nur eine kleinere, wo man den Rückwärtsverlauf detaillierter vorzustellen versucht.

Nach einiger Zeit des Übens wird man feststellen, dass das Rückwärtserinnern immer besser gelingt und auch kleine Details wie von selbst deutlich ins Bewusstsein treten. Dennoch sollte man darauf achten, nicht an Einzelheiten hängen zu bleiben, und versuchen – mit einer gewissen Dynamik – in etwa zehn Minuten bis zum Tagesanfang zurückzugehen. Dann kann man sein abendliches Gebet oder seine Abend-Meditation anschließen, mit der man sich auf die Nacht vorbereitet.

Am Morgen empfiehlt sich der umgekehrte Verlauf: Nach einer meditativen Morgenbesinnung macht man eine kurze *Tagesvorschau,* indem man sich möglichst bildhaft den Tag und speziell die wichtigen Situationen deutlich visualisiert, zum Beispiel, in welchen Situationen es auf besondere Geistesgegenwart ankommt. – Es macht nichts, wenn der Tag dann anders verlaufen sollte.

Die folgende Gruppe von Übungen dient vor allem der Stärkung der Bewusstseins- und Ich-Kräfte im Denken, Handeln und Fühlen. Da sie alle anderen meditativen Übungen ausgleichen und begleiten sollen, werden sie Nebenübungen genannt. Sie fordern und harmonisieren zugleich das Herz als Wahrnehmungsorgan und ordnen die Strömungen des ätherischen Organismus, darauf bezieht sich insbesondere der zweite meditative Teil der Übungen. – Wer sie regelmäßig in der angegebenen Reihenfolge durchführt, wird schon nach relativ kurzer Zeit eine größere innere Selbstsicherheit und Kraft bemerken können.

Die sechs Nebenübungen[48]

1. *Die Gedankenkontrolle*: Die erste Übung besteht darin, dass man sich fünf bis zehn Minuten Zeit nimmt und alle Gedanken zur Ruhe bringt. Dann richtet man seine Aufmerksamkeit auf einen einfachen Gegenstand und bildet eine deutliche Vorstellung von ihm. Es kann ein Bleistift, eine Schachtel oder ein einfaches Kinderspielzeug oder Ähnliches sein. Dann verknüpft man damit alles, was sich über diesen Gegenstand denken lässt, etwa woher er kommt, wie er hergestellt wurde, zum Beispiel indem man zurückgeht bis zu dem Baum, aus dem das Material gewonnen wurde. Die ganze Reihe von Bildern soll möglichst plastisch und farbig vor Augen stehen. Es kommt dabei auf die Kraft der Konzentration an, mit der man die selbst erzeugten Bilder im Bewusstsein halten kann. Nach einiger Zeit wird man in der Seele ein Gefühl der Festigkeit und Sicherheit innerlich beobachten. Wenn man im vorderen Teil des Kopfes eine konzentrierte Kraft bemerkt, gießt man diese in das Gehirn und lässt sie dann

das Rückenmark hinunterströmen. Man übt das etwa einen Monat lang. Die Uhrzeit braucht bei dieser Übung zwar nicht festgelegt zu werden, nur sollte man sie nicht unbedingt auf den späten Abend legen.

2. *Die Initiativ-Handlung:* Im zweiten Monat denkt man sich eine kleine, unbedeutende Handlung aus, die man möglichst an jedem Ort ausführen kann: Man zieht zum Beispiel ein Notizbuch aus der Tasche, zieht einen Schuh an und aus oder Ähnliches. Diese inhaltlich zwecklose Tat führt man ein bis mehrere Male am Tage zu bestimmten Uhrzeiten über einen längeren Zeitraum durch. Man muss sich am Morgen diese kleine Handlung mit den Uhrzeiten jedoch ganz bildhaft visualisieren, sodass sie sich dem unbewussten Tatwillen einprägt. Vergisst man dann trotzdem den Zeitpunkt, konzentriert man sich auf den nächsten. Hat man die Übung hinter sich, wird man das Gefühl von einem inneren Tätigkeitsantrieb vor allem im Oberkörper bemerken. Dieses Gefühl gießt man gleichsam so in seinen Leib, dass man es wieder vom Kopf herunter, aber jetzt über das Herz strömen lässt. Die Gedankenkontrolle vom ersten Monat verfolgt man weiter, damit die gewonnene Vorstellungskraft nicht verloren geht.

3. *Gefühlskontrolle und Gleichmut:* Bei allen körperlich bedingten Emotionen kann man beobachten, dass sie vor allem aus dem unteren Teil des Körpers aufsteigen: Weinen, Lachen, Angst, Nervosität, Ungeduld, Spannung und so weiter. Es geht darum, den Entstehungsmoment dieser Gefühle zu beobachten, sodass man von ihnen nicht beherrscht und überwältigt wird. Es geht nicht darum, diese Gefühle zu verdrängen (!) beziehungsweise nicht mehr zu lachen oder zu weinen, sondern man muss eine innere Kraft entwickeln, um sie zu *beherrschen,* und ruhig zu bleiben, wenn man es will.

Man muss sich auf solche Situationen innerlich vorbereiten und wenigstens eine Viertelstunde am Tag die Herstellung von Gelassenheit üben. Gelingt das, wird man ein Gefühl von Ruhe und Gleichmut bemerken. Diese selbst erzeugte Kraft der Gelassenheit lässt man wieder in den ganzen Körper fließen, indem man sie in das Herz gießt und von da aus zunächst in die Arme und Hände, dann zu den Füßen und zuletzt zum Kopfe hin strömen lässt. – Dieses ist die Hauptübung für den dritten Monat.

4. *Die Positivität:* Wir sind im Leben auch mit einer Fülle hässlicher, unangenehmer Dinge und Situationen konfrontiert, welche Antipathie, Kritik und ein inneres Sich-Verschließen bewirken. Sie stumpfen unsere Wahrnehmungsfähigkeit ab. Doch in allem Schlechten und Hässlichen ist ein verborgenes Gutes und Schönes verborgen. Dieses gilt es mit der gewonnenen Vorstellungs- und Willenskraft in unseren Mitmenschen und anderen Dingen der Welt zu entdecken. Das bedeutet auf keinen Fall, alles positiv und gut zu betrachten, sondern es geht darum, die unangenehme äußere Erscheinungsform zu durchdringen und damit die vorhandene Unaufmerksamkeit gegenüber den subtilen Dingen des Lebens zu bekämpfen.

   Gelingt das, wird man ein Gefühl der Seligkeit bemerken, als dehne man sich über seine Haut hinaus aus. Es ist ein Gefühl des Größerwerdens, wie es der Ätherleib nach dem Tode hat. Dann lässt man das Gefühl durch die Augen, Ohren und die ganze Haut wie in einen Raum um sich herum ausstrahlen. – Die Übungen der ersten drei Monate wiederholt man, soweit das zum Aufrechterhalten der erlangten Fähigkeiten erforderlich ist.

5. *Die Unbefangenheit:* Die Meinung, alles schon zu wissen und zu verstehen, macht befangen und ist ein großes Entwicklungshindernis für jeden Menschen. Daher ver-

sucht man im fünften Monat das Gefühl auszubilden, jeder neuen Erfahrung völlig unbefangen und vorurteilslos gegenüberzutreten. »Das glaube ich nicht. Das kann nicht sein.« Diese Gesinnung muss der geistig strebende Mensch völlig aufgeben. Das heißt jedoch nicht, alles blind zu glauben! Auch das wäre das Ende geistigen Fortschritts; es geht vielmehr darum, alle Fesseln für die Aufnahme neuer Wahrheiten abzustreifen und sich die Möglichkeit für die Einsicht offen zu halten, dass die bisherige Kenntnis von Naturgesetzen vielleicht noch eine Erweiterung erfahren könnte. – Durch diese Bemühung wird man nach einiger Zeit bemerken, dass sich ein Gefühl in die Seele schleicht, als ob in dem Raum, von dem in der vierten Übung gesprochen wurde, sich etwas regte und lebendig würde. Man versucht dann, dieses subtile Vibrieren in der Umgebung zu erfassen und es durch Augen und Ohren sowie durch die Haut, insbesondere den Wärmesinn, einströmen zu lassen.

6. *Gleichgewicht:* Die sechste Übung besteht darin, dass man versucht, die vorangehenden fünf in regelmäßiger Abwechslung wieder vorzunehmen. Man kann dann beobachten, dass sich ein Gleichgewicht der Seele herausbildet und ein ruhiges Verständnis für die Dinge der Welt entsteht, die einem vorher verschlossen waren.

Nach dem sechsten Monat beginnt man wieder mit der ersten Übung. Nach einiger Zeit wird man bemerken, dass man mit größerer Ruhe und innerer Sicherheit seine Aufgaben in allen Turbulenzen des Lebens meistern kann.

Man kann nun sagen: Instinktiv bemühen wir uns schon um diese Kräfte, sonst könnte man sozial gar nicht überleben, weder im Beruf noch in der Kindererziehung. Das ist richtig. Doch durch die *besondere Form* dieser Übungen arbeitet man bewusst an der Stärkung und Vervollkommnung des inneren Menschen. Konkreter gesprochen: Es werden nicht nur die seelischen Kräfte: Denken, Fühlen und Wollen weiter ausgebildet und in den Dienst des Ich gestellt, sondern es wird bis in den ätherischen Organismus eine harmonisierende, gesundende Strömungsgestalt hineingearbeitet, welche den chaotisierenden Einflüssen unserer heutigen Zeit schützend entgegenwirkt. Geduld und Ausdauer sind auch hier wichtige Persönlichkeitseigenschaften, die dabei erworben werden.

Mithilfe dieser Übungen kann man als Erwachsener erste Erfahrungen machen, in welchem Maße Gedanken, Gefühle und Willensimpulse sowie auch die eigenen Ich-Kräfte als geistige Realität erlebt werden, welche auch in jedem Kind noch als natürliche Begabung besonders wirksam sind.

Die Kraft der Ruhe

Eine dritte Möglichkeit, die inneren Kräfte zu stärken, besteht in der meditativen Besinnung auf das, was jeder Mensch an Anlagen in sich hat. Für viele Menschen, die heute in anspruchsvollen beruflichen Anforderungen stehen, ist die tägliche Meditation eine unentbehrliche Kraftquelle. – Auch wenn Kinder ihre Eltern ohnehin zu Geduld und Ausdauer erziehen, so schafft der *freie Entschluss,* diese Kräfte *bewusst* auszubilden und zu stärken, eine bessere Ausgangsposition im Verhältnis zu ihnen.

Eine solche Möglichkeit bietet z.B. die meditative Versenkung in folgenden mantrischen Spruch zur Stärkung der inneren Ruhe:[49]

Ich trage Ruhe in mir,
Ich trage in mir selbst
Die Kräfte, die mich stärken.
Ich will mich erfüllen
Mit dieser Kräfte Wärme,
Ich will mich durchdringen
Mit meines Willens Macht.
Und fühlen will ich
Wie Ruhe sich ergießt
Durch all mein Sein,
Wenn ich mich stärke,
Die Ruhe als Kraft
In mir zu finden
Durch meines Strebens Macht.

Man kann die Wirkung dieses Mantrams intensivieren, indem man die genannten Kräfte konkret in sich selbst aufsucht und die Vorgänge innerlich praktisch ausführt. Am Morgen oder in der Mitte des Tages sollte man sich dafür etwa 20 Minuten Zeit nehmen.

Man begibt sich in eine ruhige, entspannte Stellung und besinnt sich zunächst auf die Umrisse seiner Gestalt von Kopf bis Fuß. Dann stellt man sich das Becken als eine Schale vor, welche nicht nur die inneren Organe, sondern die diese *Ruhe-Kräfte* in sich trägt. Man verweilt einige Zeit bei dieser Empfindung. Dann sagt man sich: *Ich trage Ruhe in mir. / Ich trage in mir selbst / Die Kräfte, die mich stärken.* Danach führt man den Gedanken aus: *Ich will mich erfüllen / Mit dieser Kräfte Wärme.* Dabei lenkt man die in der Gegend des Sonnengeflechts empfundene Wärme zunächst in die Arme und Hände, dann in Beine und Füße und zuletzt in den Kopf, bis man sich vom Kopf bis zu den Füßen so mit Wärme erfüllt hat, dass man sich wie in einen Wärmemantel ganz eingehüllt fühlt.

Nun denkt man die Ruhe in sein Herz hinein, und wenn man innerlich sagt: *Ich will mich durchdringen / Mit meines Willens Macht,* lässt man diese Willens-Macht als geistiges Licht wieder bis in die Hände, die Füße und am Schluss in den Kopf ausstrahlen. – Man durchdringt also seinen physisch-ätherischen Organismus mit geistigen Wärme- und Willens-Kräften.

Die nächste Stufe besteht darin, das man nun *fühlt,* wie diese mit Wärme und mit lichtvollem Willen erfüllte Ruhe alles Sein durchströmt. Das heißt, durch alles, was ich bin: mein Denken, mein Fühlen, mein Zuhören, mein Sprechen, Bewegen, Gehen usw., durch mein ganzes Sein ergießt sich diese Ruhe.

Mit den letzten Zeilen besinnt man sich darauf, wie man sich selbst stärken kann, indem man diese Ruhe mit Geduld und Ausdauer durch die Macht des eigenen Strebens in sich findet und wie dann auch das ganze Leben davon durchströmt wird.

Aus dieser Kraft der Ruhe heraus wird man den Kindern in einer bewussteren, ihnen gemäßen Art begegnen und im Laufe der Zeit auch eine Wandlung des eigenen Wesens bemerken können.

Anhang 2

Die Entwicklung des Gehirns
ist kein Selbstläufer

In einem Interview mit dem Spiegel Nr. 11/2002 über hyperaktive Kinder warnt der Göttinger Neurologe Gerald Hüther vor möglichen Langzeitschäden durch das Medikament Ritalin und stellt fest: »Manche Kinder kommen einfach schon extrem reizanfällig zur Welt. Um ihr Gehirn optimal auszubilden, brauchen sie noch mehr als andere von klein auf verlässliche Beziehungen. Wenn solche Kinder nicht die Erfahrung machen, dass sie sich erproben und gleichzeitig bei allen Problemen auf die Unterstützung eines Erwachsenen verlassen können, leidet die Entwicklung ihres Gehirns. Wenn sie dann ungewohnte Situationen meistern müssen, entwickeln sie kein Gefühl für die eigene Wirkung und haben Probleme, sich situationsgerecht zu verhalten.« Das spiegelt sich im Gehirn in den Mustern der Nervenzellen wider. Denn »das Gehirn ist ein plastisches Organ, das sich – je nachdem, wie es genutzt wird – unterschiedlich formt. Kein Mensch kommt mit Selbstvertrauen, Neugierde oder Fähigkeit, Probleme zu lösen, auf die Welt. Vor allem im vorderen Bereich, dem frontalen Kortex, verschalten sich Nervenstränge zu dem, was das Selbstbild und die Persönlichkeit eines Menschen ausmachen. Diese Region steuert Impulse und Emotionen, hilft Angst, Wut, Ärger und Verzweiflung zu kontrollieren. Bei vielen hyperaktiven Kindern ist sie nicht besonders gut entwickelt. – Dagegen ist ihr Antriebssystem im Mittelhirn offenbar überstark entwickelt und schüttet deshalb auch permanent den Botenstoff Dopamin aus, der sie in einen erhöhten Aufmerksamkeitszustand versetzt. Doch das Frontalhirn leidet unter den Dauerimpulsen. Die neuronalen Strukturen können sich langfristig nicht stabilisieren, weil sie immer wieder das Signal erhalten: Bau dich um.«

In diese Prozesse greift nun das Medikament Ritalin ein. Es verhindert, dass in kurzer Zeit ein Dopamin-Schwall dem anderen folgt, das Kind erlebt deshalb einen einigermaßen ausgependelten Grad an Aufmerksamkeit und wird handhabbar. Gerald Hüther bestätigt: »Ritalin wirkt, das lässt sich nicht leugnen, das Kind kann sich besser konzentrieren, schreit nicht mehr rum, wirft nicht mehr mit Gegenständen durch die Gegend und reagiert – der größte Fortschritt überhaupt – mit einem Mal auf Ansprache. Aber Ritalin verringert generell die Reizanfälligkeit des Menschen, das haben Studien gezeigt.«

Doch Hüther sorgt sich vor allem um langfristige Folgen, die in Tierversuchen nachgewiesen wurden, und sagt: »Niemand weiß, welche Folgen Ritalin langfristig hat. Die meisten Patienten sind heute erst zwanzig Jahre alt … Es könnte sein, dass schon bei einem vierzigjährigen ehemaligen Ritalin-Patienten es zu Problemen kommt. Ich muss daher befürchten, dass wir demnächst immer jüngere Parkinson-Kranke bekommen.«

Wir brauchen Elternschulen

Zu der Frage nach Alternativen sagt er: »Die Kinder sollten so selten wie möglich die Erfahrung machen, dass sie nur mithilfe einer Pille funktionieren können. Sie müssen erleben, wie sie aus sich selbst heraus Probleme lösen können. Nur dann organisiert sich das Gehirn neu. Um so weit zu kommen, braucht ein ADHS-Kind rechtzeitig Hilfe. Denn wenn die Kinder erst einmal schwerst verhaltensgestört in der Schule ankommen, schützt manche tatsächlich nur noch

Ritalin vor dem eigenen Antrieb.« Daher ist seine Schluss-folgerung, dass Kinder vor allem eine intensive therapeut-ische Betreuung brauchen, damit sie neue Verhaltensmuster erlernen. Ritalin allein reicht nicht, die Pille kann nur eine Starthilfe sein. Sie beschert dem Gehirn so viel Ruhe, dass neue Verschaltungen entstehen und andere schwach aus-geprägte stabilisiert werden. Vielleicht schaffen es solche Kinder schließlich doch, ein funktionierendes Frontalhirn mit ausreichender Impulskontrolle aufzubauen. Gelingt es ihnen nicht, werden sie ihr Leben lang als verhaltens-, lern- und sozialgestörte Außenseiter gehandicapt sein – die beste Voraussetzung übrigens, um später suchtabhängig zu werden.

Dann vergleicht er frühere Erziehungssituationen mit den heutigen und sagt:»Früher übten sehr strenge Sozialisati-onsbedingungen wie Religion oder Schichtzugehörigkeit Zwänge aus, die das Frontalhirn – und die Persönlichkeit des Kindes – mitgeformt haben. Heute fallen die weg, alles scheint möglich, auch in der Erziehung. Es gab noch nie so viele verunsicherte Eltern, die nach der Entbindung plötzlich mit ihrem Säugling allein sind und gar nicht ge-nau wissen, wie sie mit ihm umgehen sollen. Junge Eltern waren früher einfach besser gewappnet. [...]Doch wie sollen Eltern, die sich in ihrer Rolle selbst nicht sehr sicher fühlen, plötzlich souverän auf die Bedürfnisse besonders reizemp-findlicher Kinder eingehen?« Seine Konsequenz:»Im Grun-de brauchen wir Elternschulen, wo Eltern die wichtigsten Grundregeln wieder lernen, ganz schlichte Dinge wie Grenzen setzen und Kinder vor neue Aufgaben zu stellen. Eine gute Mutter wird dafür sorgen, dass ihr Kind immer neue Probleme hat und ihm dann zeigen, wie man sie löst. Nur so kann sich das Frontalhirn optimal entwickeln.« Und er schließt:»Wir haben uns eine Welt geschaffen, in der die Bedürfnisbefriedigung der Erwachsenen ziemlich gut funktioniert, die Kindern aber nicht mehr gerecht wird. Wenn wir das nicht schleunigst ändern, werden Gewalt und Manipulationsanfälligkeit zunehmen ... Die Kinder halten uns einen Spiegel vor mit ihren Verhaltensstörungen. Wir können darin lesen, dass wir etwas falsch machen, wenn wir nicht begreifen, dass die Entwicklung des kindlichen Hirns kein Selbstläufer ist.«

Anhang 3

Der Ätherleib als Informationsorganismus und Träger des Gedächtnisses

Die im Gesamtorganismus des Ätherleibes vorhandenen ›Informationen‹ steuern von der geistigen Seite her die Differenzierung der ursprünglichen embryonalen Stammzellen, sodass diese sich zu speziellen Zellen ausdifferenzieren. Die verschiedenen, voll ausgebildeten Organe sind dann das Ergebnis dieses Prozesses.

Diesen ätherischen ›Informationsorganismus‹ mit seinen spezifischen Organ-Bildekräften kann man sich als eine Art energetisches Kräftefeld vorstellen. Es bleibt lebenslang mit dem physischen Organismus verbunden, sonst würde dieser absterben, wie es beim Tod geschieht. Alle tiefergehenden Erlebnisse werden auch durch diesen Ätherorganismus den physischen Organen als reale Information funktionell eingeprägt und bilden das so genannte ›Organgedächtnis‹, welches sich zum Beispiel auch bei Organtransplantationen geltend macht.

Jedes physische Organ ist also von einem Ätherorgan gehalten und durchdrungen als Äthergehirn, Ätherherz, Ätherniere und so weiter. Aber diese Ätherorgane haben Feld- oder Strahlungscharakter und sind räumlich nicht mit der Abgrenzung des physischen Organs identisch. Sie durchstrahlen mit ihren speziellen ›Bildeinformationen‹ den gesamten Ätherleib und dessen Einzelorgane. Auf diesem energetisch informatorischen Zusammenwirken beruhen die weisheitsvolle Funktion des lebendigen Organismus und die Steuerung der feinsten Stoffwechselvorgänge, Botenstoffe, Zellen und so weiter.

Anhang 4

Elektromagnetisches Feld und Aura

In verschiedenen Veröffentlichungen zum Thema wird häufig die ›geistige Aura‹ als vielfarbige Ausstrahlung des Menschen mit einem ›elektromagnetischen Feld‹ gleichgesetzt.[50] Da es sich in beiden Fällen um ein unsichtbares Kräftefeld um den Menschen handelt, kann der *Vergleich* eine Verständnishilfe sein. Gleichsetzung ist allerdings ein Irrtum und beruht auf ungenauer Beobachtung bzw. auf noch nicht ausreichend bekannten Forschungen. Tatsächlich kann mithilfe der Kirlian-Fotografie ein individuell unterschiedliches elektromagnetisches Feld um den Menschen herum sichtbar gemacht werden, indem man den menschlichen Körper oder einzelne Glieder in ein elektrisches Hochspannungsfeld hineinbringt. Dessen Modifikation erlaubt durch bildhafte Darstellung Aussagen über innere Funktionen und Organzustände des Menschen. Die Technik sowie die dafür erforderlichen Apparaturen wurden von dem russischen Physiker Semjon D. Kirlian entwickelt. Elektromagnetische Strahlungen und Schwingungen sind jedoch nicht in der Lage, menschliche Gedanken und Gefühle zu übertragen oder gar organische Bildeprozesse zu steuern.

In zahlreichen Experimenten wurde nachgewiesen, dass diese elektromagnetische Energie Abschirmungen wie Stahlplatten, hermetisch abgeschlossene Stahlgehäuse, wie z.B. U-Boote, nicht durchdringen kann. Dieses Energiefeld ist allerdings nur eine Begleiterscheinung der vom Menschen erzeugten seelisch-geistigen Ausstrahlung und seiner ätherischen Bildekräfte. In Letzteren haben wir – verkürzt gesagt

– das eigentliche Trägermedium für die geistigen Kräfte des Menschen, wie es im Kapitel über die menschliche Organisation geschildert wurde. Sie machen zusammen mit den seelischen Energien die spezielle menschliche Aura aus und sind in der Lage, Gedanken, Gefühle und Willensimpulse sogar über größere Entfernungen auch in abgeschlossene Räume zu übertragen.

Sie sind, wie gesagt, nur der übersinnlich-geistigen Beobachtung zugänglich und stehen allerdings mit den elektromagnetischen Kräften als eine Art ›Schattenwurf‹ in einer gewissen Wechselwirkung.

Dennoch ist eine deutliche Unterscheidung notwendig, wenn man die menschliche Organisation als Vermittlerin für den geistigen Teil der Persönlichkeit verstehen und richtig behandeln will. Das elektromagnetische Kräftefeld ist dazu nicht in der Lage.[51]

Die menschliche Aura und die Bedeutung der Blautöne

In einem längeren Aufsatz, *Von der Aura des Menschen* (in: *Luzifer-Gnosis*, GA 34), beschreibt Rudolf Steiner die drei verschiedenen Schichten und Farbnuancen. Hier sollen jedoch nur die Beschreibungen angeführt werden, die sich auf die Aura allgemein und die verschiedenen Blautöne als »ruhende Grundfarben« beziehen.

»Durch einen besonderen ... Umwandlungsprozeß stellt sich die innere Ursachenwelt des Menschen für das ›geistige Auge‹ ... als eine Welt der Wirkungen in *Farben* dar... Die dem ›geistigen Auge‹ wahrnehmbaren Farbenwirkungen, die um den physischen Menschen herum strahlen und ihn wie eine Wolke (etwa in Eiform) einhüllen, heißen die *mensch-*

liche Aura. [...] Bei verschiedenen Menschen ist die Größe dieser Aura verschieden. Doch kann man sich – im Durchschnitt – etwa vorstellen, daß der *ganze* Mensch doppelt so lang und viermal so breit ist als der physische.

In dieser Aura fluten nun die verschiedensten Farbentöne. Und dieses Fluten ist ein getreues Bild des inneren menschlichen Lebens. So wechselnd wie dieses sind einzelne Farbentöne. Doch drücken sich gewisse bleibende Eigenschaften: Talente, Gewohnheiten, Charaktereigenschaften, in ruhenden Grundfarbentönen aus.

Sehr verschieden ist die Aura nach den verschiedenen Temperamenten und den Gemütsanlagen der Menschen; verschieden auch je nach den Graden der geistigen Entwickelung. Eine völlig andere Aura hat ein Mensch, der sich ganz seinen animalischen Trieben hingibt, als ein solcher, der viel in Gedanken lebt. Wesentlich unterscheidet sich die Aura einer religiös gestimmten Natur von einer solchen, die in den trivialen Erlebnissen des Tages aufgeht. Dazu kommt, daß alle wechselnden Stimmungen, alle Neigungen, Freuden und Schmerzen in der Aura ihren Ausdruck finden.

Man muß die Auren der verschiedenen Menschentypen miteinander vergleichen, um die Bedeutung der Farbentöne verstehen zu lernen. [...]

Die blauen Farbentöne treten bei den hingebungsvollen Naturen auf.[...] Je mehr der Mensch sein Selbst in den Dienst einer Sache stellt, desto bedeutender werden die blauen Nuancen. Zwei ganz verschiedenen Arten von Menschen begegnet man auch in dieser Beziehung. Es gibt Naturen von geringer Denkkraft, passive Seelen, die gewissermaßen nichts in den Strom der Weltereignisse zu werfen haben als ihr ›gutes Gemüt‹. Ihre Aura glimmt in schönem Blau. So zeigt sich auch diejenige vieler hingebungsvoller, religiöser Naturen. Mitleidsvolle Seelen und solche, die sich gerne in einem Dasein voll Wohltun ausleben, haben eine ähnliche

Aura. Sind solche Menschen außerdem intelligent, so wechseln grüne und blaue Strömungen, oder das Blau nimmt wohl auch selbst eine grünliche Nuance an. Es ist das Eigentümliche der aktiven Seelen, im Gegensatz zu den passiven, daß sich ihr Blau von innen heraus mit hellen Farbentönen durchtränkt. Erfindungsreiche Naturen, solche, die fruchtbringende Gedanken haben, strahlen gleichsam von einem inneren Punkte heraus helle Farbentöne. Überhaupt hat alles, was auf geistige Aktivität deutet, mehr die Gestalt von Strahlen, die sich von innen ausbreiten; während alles, was aus dem animalischen Leben stammt, die Form unregelmäßiger Wolken hat, welche die Aura durchfluten.

Je nachdem die Vorstellungen, welche einer aktiven Seele entspringen, sich in den Dienst der eigenen, animalischen Triebe oder in einen solchen idealer, sachlicher Interessen stellen, zeigen die entsprechenden Farbengebilde verschiedene Färbungen. Der erfinderische Kopf, der alle seine Gedanken zur Befriedigung seiner sinnlichen Leidenschaften verwendet, zeigt dunkel-blaurote Nuancen; derjenige dagegen, welcher seine fruchtbaren Gedanken selbstlos in ein sachliches Interesse stellt, hell-rotblaue Farbentöne. Ein Leben im Geiste, gepaart mit edler Hingabe und Aufopferungsfähigkeit, läßt rosarote oder hell-violette Farben erkennen.«

Da die menschliche Gesamtaura sich im Wesentlichen aus drei Schichten zusammensetzt, in denen Eigenschaften des Leibes, der Seele und des Geistes zur Erscheinung kommen, muss auch die Fähigkeit des Sehers entsprechend entwickelt sein, um diese wahrnehmen bzw. unterscheiden und deuten zu können. Die zweite, seelische Aura betreffend heißt es:

»… blau ist hier das Zeichen von Frömmigkeit. Je mehr sich die Frömmigkeit der religiösen Inbrunst nähert, desto mehr geht das Blau in Violett über. Idealismus und Lebensernst in höherer Auffassung sieht man als Indigoblau.«

Rudolf Steiner wählte als charakteristische Farbe für die Faustgestalt in der Kuppelmalerei des ersten Goetheanum die Farbe Indigo-Blau. Auch das, was der Mensch sein ›Ich‹ nennt, erscheint der hellsichtigen Beobachtung als blau.

»Als ein kleines blaues Oval erscheint das ›Ich‹ des ganz unentwickelten Menschen. Mit der fortschreitenden Entwickelung des Menschen wird es immer größer; und beim Durchschnittsmenschen der Gegenwart hat es ungefähr die Größe der übrigen Aura. – Innerhalb dieses blauen Ovals entspringt nun eine besondere Strahlung.[...] Die genannte Strahlung aber ist der Ausdruck dessen, was der Mensch aus sich selbst macht.«

Man kann an diesem kurzen Textauszug sehen, wie nuancenreich allein die *Grundfarben* sein können, abgesehen von dem schnell wechselnden Formen- und Farbenspiel als Ausdruck wechselnder *Seeleninhalte*.

Die hier genannten Blau-Töne und Nuancierungen entsprechen auch den Beschreibungen der individuell verschiedenen Aura der Kinder durch mir bekannte Therapeuten und Erzieher, wenn auch die unterschiedlich entwickelte Wahrnehmungsfähigkeit zu bemerken ist.

Anhang 5

Nonverbale Beeinflussung der Gehirnfunktionen

Auf dem Weltkongress für geistiges Heilen in Basel 2002 berichtete der Physiker und Psychologe Günter Haffelder, Leiter des Stuttgarter Instituts für Kommunikation und Gehirnforschung, der eine besondere Form der EEG-Spektralanalyse entwickelt hat, von einer Reihe von EEG-Untersuchungen an Lehrern und Schülern. Demnach übt der Lehrer allein auf nonverbaler Ebene nur durch seine innere Haltung einen massiven und messbaren Einfluss auf die Leistungsfähigkeit des Schülergehirns aus. Das beginnt bereits beim Betreten des Raumes durch den Lehrer. Je nach der Gesinnung, die er mitbringt, zeigt sich eine messbare Irritation im Bereich der so genannten Beta-Schwingungen (zwischen 13 und 14 Hertz) bei Schülern. Diese Erkenntnisse können bei Lehrern und Therapeuten dazu führen, ganz bewusst auf eine konstruktive Ausrichtung der eigenen Gedanken und Worte zu achten. Eine ähnliche Wirkung macht sich auch bei der Krankenbetreuung in der Nähe des Patienten bemerkbar, da vor allem im Bereich der dem Schlafbewusstsein zugeordneten Delta-Wellen intensive Übertragungen nonverbaler Gedankenmuster und Informationen stattfinden, sodass sich konstruktive Gedanken zwischen Betreuer und Patient auf nonverbaler Ebene ebenso übertragen wie solche, die sich ungünstig auf die Motivation des Patienten auswirken. Das Gleiche gilt auch von Lehrer zu Schüler, wie es in weiteren Untersuchungen festgestellt wurde.

Da nach den Beobachtungen des Göttinger Hirnforschers Gerald Hüther sich das Gehirn besonders in den ersten Lebensjahren überhaupt erst strukturiert und sich ständig umgestaltet, ist das Zusammenwirken von Sinneseindrücken und dem eigenen Gedankenleben in Verbindung mit den unterschwellig empfangenen seelischen Wirkungen auf nonverbaler, rein energetischer Ebene für die feinere Gehirnstrukturierung von entscheidender Bedeutung. – Vereinfacht gesagt: Gedanken sind Kräfte.

Anhang 6

Erfahrungsbericht einer jungen Frau

*»Was mir die Erde bedeutet und warum
ich auf der Erde bin«*

Zum Indigo-Phänomen schreibt die in den siebziger Jahren geborene Psychologiestudentin in ihrer ganz individuellen Ausdrucksform über ihren Weg ins irdische Leben:

»Ich denke, man könnte dieses Phänomen der neuen Kinder auch unter anderem Namen zusammenfassen, der mehr Wandelbarkeit umfasst. Das ist für mich der Name der ›Planetenseele‹, der ›Sternenkinder‹ oder ›Wanderer‹ oder der ›Liebenden der Erde‹.

Einer meiner essenziellsten Ansätze ist folgendes Bild in meiner Seele: Ich sehe vom Weltraum aus die Erde als blauen Planet, und mich erfasst zu ihm tiefe Liebe und tiefes Weh. Und ich weiß, dass er aus Liebe ist, aus Liebe besteht, und er ist unsagbar kostbar, und er ist ein unermessliches Geschenk, einfach dass es ihn gibt, und er ist eine Chance und auch eine Prüfung.

Ich weiß, dass dies mein Anreiz war, warum ich hier bin und war, all die vielen Male in vielerlei Gestalt. Und dass ich jedes Tier und jede Pflanze sowie den Himmel dieses Planeten liebe und ihn NIE – komme was da wolle – verlieren werde, aus meinem Herzen. Alles, was ich hier gesehen, habe ich geliebt, denn Sehen heißt Lieben.

Für mich ist das Wichtigste, Brücken zu schlagen und zu verstehen. Denn das, was ich verstehen kann, das kann ich abholen, für das kann ich sprechen, das kann man heimholen. Da man erkennt, dass es und wo es in einem ist. Dann wird das All eins.

Dazu gehört Sensibilität. Für mich ist sie der zentrale Dreh- und Angelpunkt. Nur Sensibilität rückt es uns ins Fleisch, Herz und Blut, dass wir alle: der äußerste Stern und der kleinste unbedeutendst erscheinende Stein eins sind. Denn was man nicht fühlt, das weiß man nicht. Das ist und bleibt Theorie. Erst dadurch, dass etwas einmal gelitten wurde, erhält es Wirklichkeit und Macht – und Wahrheit ist Macht, ist Welt. Das ist der Zauber, das Geschenk, das Spiel und das Furchtbare, dass wir hier verletzlich sind, da wir (aus anderen Sphären kommend) Körper werden.

Und so ist die Erde für mich der Hüter der Schwelle des Kosmos und Gnade mit jedem Leben und ein großes Geschenk. Indem unsere Erinnerung, unser Geist – das, was wir sind – Körper wird, wächst das Vergessen. Und das ist unser Geschenk. Ein Traum, ein neues unschuldiges Spiel beim neuen Beginnen. Aber auch große Gefahr ist dieses Vergessen.

Auf diesem Planeten werden die Flüchtlinge, die wir alle sind, aufgefangen und können sich auf der Flucht vor ihrem unermesslich weiten und großen Wesen in die Erde hinein verkriechen und sich betäuben an der Materie, dem sichtbar gewordenen Geist; und können ihre Flügel, ihre Ganzheit und ihren kosmischen Tanz vergessen. Vergessen kann ein Geschenk, aber auch eine Droge sein. Darum sage ich: Segen und Fluch dieser Erde ist das Vergessen.

Wann werden wir essenziell angeregt, uns zu erinnern: Wenn es uns gut geht? Wenn immer alles gelingt, was wir uns vornehmen? Wenn wir alles haben, was wir brauchen? Oder wenn es wichtig ist, dass wir uns an eine Sache erinnern?

Es sind meistens die Momente in unserer Existenz, die sich besonders tief ins Bewusstsein und damit auch in die Erinnerung eingraben, bei denen etwas bricht, etwas

Wichtiges oder etwas sehr Heftiges passiert. Wenn wir tief erschrecken oder etwas Schlimmes passiert, kann das wie ein Knoten oder ein Schrei in unserem Energiefeld sein, oder allgemein gesprochen: Wenn starke Gefühle damit verbunden sind oder mächtige Erkenntnisse. So waren die ersten Erinnerungsbilder an eine Inkarnation fast immer zuerst der Tod, wenn es eine unnatürliche und gewaltsame Todesart war, und daran anschließend erst weitere Bilder aus den Lebenssituationen davor, oder es war ein Moment, in dem ein existenziell tiefes und sehr heftiges Gefühl erlebt wurde. Wenn aber eine Inkarnation sehr mild und ruhig zu Ende ging, war das Erste, an das ich mich erinnerte, etwas, wobei ich sehr aufgewühlt oder zutiefst betroffen oder voller Weltschmerz war. – Auch solche Bilder treten als Erste auf, in denen es einfach um etwas sehr Wesentliches geht, das zu mir gehört.

Ich habe viele verschiedene Leben hinter mir und weiß, dass jeder Körper aus Erinnerung, Geist und Liebe gemacht ist. Denn alles, was ist, ist eine große Liebeserklärung von allem, das hier ist. Auch die Entscheidung, geboren zu werden, ist eine unendlich große Liebeserklärung, denn sie bedeutet absolute Hingabe und Auslieferung. Man macht sich selbst zum Geschenk an die Welt. Die Welt ist sehr verstrickt, darum beachten das die Menschen oft nicht. Wer sich von der Welt fangen lässt, ist verzweifelt. Und Verzweiflung ist blind und eng und verletzt so oft die Geschenke des Himmels.

Wir sind mit allem, das uns umgibt, enger verbunden, als es uns oft bewusst ist. Und so dämmern unsere Beziehungen zu manchen Menschen erst im Laufe des Lebens in uns langsam hinauf. Ich weiß, dass ich mit meiner Mutter schon andere Leben geteilt habe und dass sie in einem früheren mein Geliebter war. Und wir hatten eine sehr starke Verbindung. Jedoch hatte sie einen tiefen Schmerz mit dem Loslassen und dem Freigeben des geliebten Wesens. – In diesem Leben hat sie das nach einigen Kämpfen auch gemeistert, und wir konnten sehen, dass durch die Freiheit, die man jemandem gibt, die Liebe und die Verbindung nicht verloren geht, sondern eher größer und harmonischer wird.

Jedoch war der Weg zu diesem geliebten Menschen, der (in diesem Leben) meine Mutter werden sollte, nicht leicht. Bei meinem ersten Versuch wurde ich abgetrieben. Das war für mich auch ein großer Schmerz. Denn Geborenwerden ist eine große Liebeserklärung. Und auch für meine Mutter war das ein schlimmer Schmerz. Ich wusste aber, dass ich zu ihr wollte und musste und brauchte neun Jahre für meine nächste Chance. Diese wurde dann heftig genutzt. Ein Arzt unterstützte meine Mutter in ihrer sozial schwierigen Situation, mich diesmal zu behalten.

Man steckt – egal wie stark man ist – eine Abtreibung wie auch jeden anderen gewaltsamen Tod nicht ohne Schwierigkeiten weg. Solche Erlebnisse sind stark und bleiben in der Seele haften. Sie brauchen Zeit, um verarbeitet zu werden und zu heilen. Und Heilen heißt einen Prozess durchlaufen. Ich weiß, dass ich an dieser Sache dabei auch selbst Verantwortung trage. Denn dass so etwas einem passiert, dazu braucht es eine Vorgeschichte: Ich hatte selbst davor schon einige ungestüme Leben hinter mir, in denen mir der Lebensfaden zerrissen ist oder zerrissen wurde.

Innen drin bin ich ein sehr feuriges Wesen, licht und stark, und sehe aus wie ein Komet, wie ein gleißender Stern, der durch den Himmel auf die Erde fegt. Meine Liebe ist heftig und oft ungestüm, und etwas, das sich selbst verbrennt, verbraucht den Stoff, aus dem es gemacht ist. Und das macht zugleich dünnhäutig und sensibel.

Zu der Erinnerung an vergangene Leben: Wenn man öfters unnatürlich zu Tode kommt, wird der natürliche Weg des ›Ich baue meinen Körper, mein Körper bin ich, ich habe Macht über meinen Körper‹ unterbrochen. Das führt zu einer größeren Distanz zum Körper. Und da ensteht das Bewusstsein: Ich kann meinen Körper auch verlieren. Und was man verlieren kann, das ist man nicht. Sondern man ist das Unsterbliche, das Lebendige, das weitergeht. Das, was den Körper baut, Ich, das ist das, was alles neu machen kann. Jedoch baut es immer aus dem, was ihm bewusst geworden ist, von Stufe zu Stufe, durch die Erfahrungen, die die Seele in den vergangenen Leben gesammelt hat. Körper ist Seele. Und darum hat sie die größte Macht über ihn.

Die Situationen vor meinem körperlichen Tod waren zumeist Kampf oder furchtbare Schmerzen. Der Tod selber kommt aber wie ein tiefes Loslassen und enthält Frieden. – Ausgenommen davon kann der Selbstmord sein. Ein Teil der Seele will immer weiterleben. Der Selbstmord ist zwar für die Seele ein ungeheurer Kick, der jedoch nur einen kurzen Augenblick anhält. Er ist gefolgt von einem unaussprechlichen, gewaltigen Schrei des Entsetzens, der zumeist so stark ist, dass er als gestalteter Abdruck in der Atmosphäre des Ortes hängen bleibt, wenn er nicht bewusst durch Liebe von Menschen geheilt werden kann. Jeder Tod durch Gewalt und Verbrechen hat diese Eigenschaft. Danach muss die ganze Erde geheilt werden.

Vielleicht – durch die vielen Begegnungen mit dem Tod – ist er mir ein guter Freund geworden, gerade weil ich auch für dieses Leben zwei Anläufe brauchte. Schon als Kind im Alter von vier Jahren war er mir äußerst vertraut, und ich hatte und habe das Gefühl, als wenn nicht weit von mir immer eine Türe steht und die ist offen. Manchmal spüre ich den Wind, der aus ihr sanft herüberweht; manchmal ist der Sog ungeheuer stark. Aber die Tür ist immer offen und aus ihr kommt Licht und ich weiß: Dahinter geht's heim. Sie begleitet mich, soweit ich denken kann, durch mein Leben.

Ich denke, Angst haben wir nur vor den Schmerzen, da es anstrengend und furchtbar sein kann, wenn die Schale zerbricht, aber nicht vor dem Tod oder vor dem Tor in die Welt dahinter.

Ich weiß, dass mich manchmal Delfine in meine Träume begleiten, dass die Sterne am Nachthimmel, Bäume und Tiere oft mein Trostgeschenk und meine Zuversicht waren, um weiterzuleben; und Menschen, die mich liebten. Ich weiß auch, dass mich in wesentlichen Punkten die Liebe zu diesem Planeten und mein Heimweh ausmachen und dass der Schlüssel zu vielem eigentlich in der Stille liegt und nicht im Reden. Ich denke, es ist wichtig für uns und unsere Erde, dass wir sensibler und behutsamer werden und wieder mehr Achtsamkeit lernen. Und ich denke, das ist auch das Anliegen aller Kinder. Die Erde wird alt, und die Kraft der Erde und damit die Macht des Vergessens nimmt vielleicht ab. Und dadurch wird das Erinnern stärker. Wir haben das Bestehen dieser Erde einer großen Liebe zu verdanken und sollten uns dessen wieder mehr bewusst sein.

Schuld schafft Verbindung.
Und Verbindung macht sensibel und verletzbar.
Verletzbarkeit und Sensibilität schafft Achtsamkeit.
Achtsamkeit schafft Erkenntnis und Verstehen.
Erkenntnis und Verstehen schafft Weisheit.
Weisheit schafft Geduld und Liebe.
Und aus Geduld und Liebe besteht Zeit.

Wenn wir offen sind, dann erkennen und sehen wir, dass wir wirklich unermesslich groß sind, dass wir weit sind und die ganze Welt. Und der Bruder genauso wichtig ist wie wir, da wir auch der Bruder sind. Denn wir alle sind eins und sollten aufhören, uns selbst Leid anzutun.«

Anhang 7

Einige praktische Anregungen

Vergegenwärtigt man sich noch einmal die Verständnis-
möglichkeiten für den hier beschriebenen neuen Typus
ungewöhnlicher Kinder, bei denen sich ein frühes und er-
höhtes Ich-Bewusstsein geltend macht, stellt sich die Frage:
Was kann der Erwachsene – außer für sich persönlich – im
Umgang mit ihnen unmittelbar für diese Kinder tun?

Um eine entsprechende Antwort darauf zu finden, ist der
erste Schritt immer die direkte unbefangene Wahrnehmung
des einzelnen Kindes mit seiner individuellen Verschiedenartigkeit. Trotz notwendiger Verallgemeinerungen gilt für jeden weiteren Schritt die prüfende Frage, welches besondere
Verhalten dem einen oder anderen Kind angemessen sein
könnte. Das kann nur in der Praxis herausgefunden werden
und bleibt letztendlich der Intuition und Fantasie überlassen. In diesem Sinne sind die hier zusammengestellten
Erfahrungen als Anregungen für den unmittelbaren Umgang mit diesen Kindern gemeint. – Da sie sich auf alles beziehen, was in den vorangehenden Kapiteln ausgeführt und
begründet wurde, möchte ich hier auf einige Möglichkeiten
nur in kurzen Stichsätzen hinweisen (weitere Anregungen
finden sich bereits in Kapitel 14):

- Um im Gespräch existenzielle Probleme, die sich im Alltag stets wiederholen, zu behandeln, sollte bewusst eine
bestimmte Zeit und ein möglichst ruhiger Ort gewählt
und mit dem Kind verabredet werden. – Je mehr ihm
das ganze Bemühen zusammen mit den äußeren Bedin-

gungen als etwas Besonderes erlebbar wird, desto ruhiger und aufmerksamer wird das Gespräch verlaufen. Dabei ist eine Atmosphäre wichtig, in der das Kind eine Art ›Freiheitsraum‹ erleben kann.[52] – Es ist gut, sich vorher ein lebhaftes, inneres *Bild* des Kindes zu machen und dann aus der eigenen, selbst hergestellten *Ruhe* dem Kind zu begegnen. Dieses Vorgehen führt zu einem anderen Gesprächsverlauf, als es bei einer emotionalen, spontanen Reaktion auf das Kind der Fall ist.

- Das Kind zum Gesprächspartner machen und seine Sicht schildern lassen. Eingehend fragen: Wie war das? Was denkst Du? Was fühlst Du? Warum machst Du das? Beschreibe es. – Daraus mit ihm gemeinsam Lösungen suchen. (Das gilt auch für kleinere alltägliche Situationen.) Mehrere Lösungs- und Entscheidungsmöglichkeiten bieten, damit das Kind seinen Mitentscheidungs-Willen betätigen kann.

- Vereinbarungen treffen, an die sich beide Gesprächspartner halten. Dann erlebt sich das Kind als ›Ich-Wesen‹ ernst genommen – nur so entsteht Vertrauen.

- Verantwortung – soweit möglich – für die selbstgewählte Aufgabe übertragen und sich später auch darauf beziehen. Das stärkt den Sinn für das eigene Selbst und das soziale Miteinander.

- Verständnis für die Verschiedenartigkeit der Menschen (Geschwister, Eltern, Mitschüler, Lehrer) erzeugen und bewusst machen, dass es für jeden unterschiedliche Lebensaufgaben und ganz verschiedene Wege des Handelns gibt. – Denn von Natur aus leben die Kinder in einem Gefühl der Gleichartigkeit aller Menschen!

- In Problemsituationen die eigene seelische und soziale Situation als Erwachsener erlebbar machen: Was man kann, was man nicht kann. Eigene Schwächen und Fehler zugeben. (Sie nehmen ohnehin alles wahr!) Das weckt ihr Verständnis, ihr Mitfühlen und ihre Liebe.

- Indem der Erwachsene erkennen lässt, dass auch er sich um Weiterentwicklung bemüht, wird er auch innerlich vom Kind als ›Partner‹ akzeptiert. – Hierin findet eine geheimnisvolle Ich-Begegnung statt.

- Man muss herausfinden, in welchem Maße diese Kinder zusätzliche Aufgaben übernehmen wollen. Sie müssen diese als existenziell wichtig empfinden können und erleben, wie diese mit realen sozialen Problemen zusammenhängen – das gilt für das Elternhaus wie für die Schule. Sie wollen – auch wenn sie äußerlich noch Kinder sind – doch schon als ganzer Mensch gefordert werden.

- Das stete Bemühen, das innere Wesen des Kindes in den jeweiligen Entwicklungsstufen durch Beobachten immer wieder neu zu ergründen und zu *erfragen,* in welchen Erlebniswelten es sich bewegt, ist eine kontinuierliche Notwendigkeit.

- Wenn es Anzeichen für ein ›Wissen‹ um mitgebrachte geistige Erfahrungen gibt, versucht man herauszufinden, aus welcher Erlebnissphäre sie stammen und lässt sich diese Erfahrungen durch behutsames und einfühlsames Fragen schildern. Man bespricht sie und versucht zu erklären, was sie bedeuten. Zum Beispiel geistige Bilder aus der vorgeburtlichen Zeit, Erinnerungen an frühere Leben, Erlebnisse anderer kosmischer Dimensionen etc. Fühlt das Kind sich ernst genommen, gewinnt es Sicherheit und kann in seine eigenen Tiefen eintauchen und erzählen. – Die Kunst besteht auch hier in der richtigen Art des Fragens.

- Es hilft dem Kind, wenn ihm die Unsterblichkeit der eigenen Seele bestätigt wird. – Falls traumatische Erinnerungen aus einem früheren Leben auftauchen, sollte man erlebbar machen, dass dieses gegenwärtige Leben ein ganz neues ist.

- Kleine Konzentrations- oder Meditationsübungen, die das bewusste Eintauchen und Ordnen der inneren Bilderwelt anregen und stärken. Dadurch kann sich das Kind geschützt fühlen und gewinnt Sicherheit seinen inneren Erlebnissen gegenüber.

- Das Gebet mit und für das Kind – je nach Alter – sowie die Hinwendung zu seinem Engel schaffen eine bewusste geistige Verbindung, welche einen hilfreichen Untergrund für alle äußeren Begegnungen bilden kann.

- Erzählungen von ›anderen Welten‹ in denen andere Geistwesen, z. B. Naturgeister leben und mit denen das Kind ohnehin ahnend lebt, können ihm Sicherheit verschaffen und wirken beruhigend. Durch das erzählende Bewusstmachen wird aber auch die Brücke zum Diesseits gebildet und das Interesse für die physisch-sinnliche Welt in einer harmonischen Weise geweckt.

- Alles, was der gesunden leiblichen Ausbildung und der Entwicklung des ganzen Sinnesorganismus dient, fördert den Inkarnationsprozess. Daher ist die regelmäßige *Konfrontation* und das *Zusammenleben* mit allen Elementen, der Erde, Pflanzen, Tieren sowie das Erleben der Schönheit und Wildheit möglichst unverfälschter Naturzusammenhänge unersetzlich. – Hier ist die Natur selbst der größte Heiler.

Anmerkungen

1 siehe dazu: Lee Caroll, Jan Tober, *Die Indigo-Kinder. S. 21ff.*
2 Gesprächsprotokoll.
3 Name geändert.
4 Flavio Cabobianco, *Ich komm' aus der Sonne.*
5 siehe auch das Kapitel »Der Vorgang der Inkarnation«.
6 Nancy Ann Tappe, *Understanding your Life through Colour – Verständnis Ihres Lebens durch Farbe,* 1982.
7 Collot d'Herbois, *Light, Darkness and Colour, a Painting Therapy.*
8 Lee Caroll, Jan Tober, *Die Indigo-Kinder. S. 57ff.*
9 Aus solchen Erfahrungen hat Ronald Davis, der als Legastheniker selbst eine solche Bewusstseinsentwicklung durchgemacht hat, spezielle Trainingsmethoden für Kinder entwickelt. Ronald D. Davis, *Legasthenie als Talentsignal.*
10 Robert Ocker, in: Lee Caroll, Jan Tober, *Die Indigo-Kinder. S. 88ff.*
11 Lee Caroll, Jan Tober, *Die Indigo-Kinder. S. 24ff.*
12 Henning Köhler, Interview in: *Das Goetheanum* Nr. 11/2001. Ausführlicher zum Thema: *War Michel aus Lönneberga aufmerksamkeitsgestört?* Stuttgart 2002.
13 Siegfried Woitinas, *Jenseits von Zeit und Raum.*
14 siehe Anhang 2
15 Henning Köhler, »Kinder, die die Welt anders sehen«, Stuttgart, 25.1.2002.
16 Johannes W. Rohen, *Morphologie des menschlichen Organismus.*
17 Kapitel »Der Vorgang der Inkarnation«.
18 »Was mir die Erde bedeutet und warum ich auf der Erde bin«, Gesprächsprotokoll, Anhang 6.
19 Rudolf Steiner, GA 118, 25.1.1910.
20 ebd.
21 Rudolf Steiner, GA 199, 11.9.1920.
22 Helen Wambach, *Leben vor dem Leben.*
23 Rudolf Steiner, GA 204, 13.5.1921.
24 ebd.
25 Quian Xuesen, in: Paul Dong und Thomas Raffill, *Indigo-Schulen.*

26 Carolina Hehenkamp, *Kinder einer neuen Zeit.*

27 ebd.

28 Siegfried Woitinas, *Der Mensch zwischen kosmischen und irdischen Energien.*

29 Rudolf Steiner, GA 113, 29.8.1909.

30 ebd.

31 Rudolf Steiner, GA 190, 5.4.1919.

32 Rudolf Steiner, GA 131, 14.10.1911.

33 Rudolf Steiner, GA 297, 27.11.1919.

34 Flavio, a.a.O.

35 Rupert Sheldrake, *Das schöpferische Universum.*

36 Siegfried Woitinas, *Jenseits von Zeit und Raum.*

37 Flavio, a.a.O.

38 Tom Sawyer, Gesprächsprotokoll, Interview »Nahtoderfahrungen«, in: *Flensburger Hefte* 51.

39 Rudolf Steiner, GA 227, Vortrag vom 29.8.1923.

40 ebd.

41 Rudolf Steiner, GA 111, 3.6.1909.

42 Barbara Ann Brennan, *Lichtarbeit.*

43 Dies geschieht z.B. bei der Ronald Davis-Methode, ebenso im Lehrplan der Waldorfschule.

44 Die Rostocker Psychologin Sylvana Köln hat in der Waldorfschule ein solches Trainingsprogramm gestartet.

45 Barbara Simonsohn, *Hyperaktivität. Warum Ritalin keine Lösung ist.*

46 Judyth Reichenberg-Ullmann / Robert Ullmann, *Es geht auch ohne Ritalin.* Das Studium dieses Buches ist durchaus lohnend, weil es aus vielen Erfahrungsbereichen eine Fülle von Anregungen für praktische Maßnahmen enthält.

47 Simonsohn, a.a.O.

48 Sinngemäß nach Rudolf Steiner, *Anweisungen für eine esoterische Schulung,* im Original GA 245.

49 Rudolf Steiner, *Anweisungen für eine esoterische Schulung,* GA 245.

50 z.B. Carolina Hehenkamp, *Kinder einer neuen Zeit* u.a.

51 Siegfried Woitinas, *Der Mensch zwischen irdischen und kosmischen Energien.*

52 Henning Köhler, *War Michel aus Lönneberga aufmerksamkeitsgestört?* sowie Gordon Thomas, *Die neue Familienkonferenz.* München 1994.

Literatur

Caroll, Lee / Tober, Jan: Die Indigo-Kinder. Koha-Verlag, Burgrain [4]2001.

dies.: Indigo-Kinder erzählen. Koha-Verlag, Burgrain 2001.

Cabobianco, Flavio: Ich komm´ aus der Sonne. Falk, Seeon [5]2000.

Collot d'Herbois, Liane: Licht, Finsternis und Farbe in der Maltherapie. Verlag am Goetheanum, Dornach 1993.

Davis, Ronald D.: Legasthenie als Talentsignal. Ariston, Kreuzlingen [14]2000.

Dong, Paul / Raffill, Thomas: Indigo-Schulen. Koha-Verlag, Burgrain 2001.

Hayden, Torey L.: Sheila / Meine Zeit mit Sheila. Goldmann, München 1997.

Hehenkamp, Carolina: Kinder einer neuen Zeit. Schirner Verlag, Darmstadt [2]2001.

dies.: Der Indigoratgeber. Darmstadt 2002.

Hoppe, Ingo: »Jeder Mensch ein Magier«, in: *Das Goetheanum* Nr. 4/2002.

Hüther, Gerald / Bonney, Helmut: Neues vom Zappelphilipp. Walter Verlag, Düsseldorf 2002.

ders.: Die Macht der inneren Bilder. Göttingen [2]2005.

Klink, Joanne: Früher, als ich groß war. Aquamarin-Verlag, Grafing [5]2000.

Köhler, Henning: War Michel aus Lönneberga aufmerksamkeitsestört? Verlag Freies Geistesleben, Stuttgart [3]2004.

Kühlewind, Georg: Sternkinder. Verlag Freies Geistesleben, Stuttgart [3]2002.

Linde, Frank: »Alte und neue Seelenfähigkeiten«, in: *Flensburger Hefte* 34.

Reichenberg-Ullmann, Judyth / Ullmann, Robert: Es geht auch ohne Ritalin. Michaelis-Verlag, Peiting 2001.

Rohen, Johannes W.: Morphologie des menschlichen Organismus. Verlag Freies Geistesleben, Stuttgart [2]2002.

Sheldrake, Rupert: Das schöpferische Universum. Ullstein, München 1993.

Simonsohn, Barbara: Hyperaktivität. Warum Ritalin keine Lösung ist. Goldmann, München 2001.

Steiner, Rudolf: Der Orient im Lichte des Okzidents. Gesamtausgabe (in der Folge: GA) 113. Rudolf Steiner Verlag, Dornach [5]1982.

ders.: Das Ereignis der Christus-Erscheinung in der ätherischen Welt. GA 118. Dornach [3]1984.

ders.: Geschichtliche Symptomatologie. GA 118. Dornach [3]1982.

ders.: Von Jesus zu Christus. GA 131. Dornach [7]1988.

ders.: Vergangenheits- und Zukunftsimpulse im sozialen Geschehen. GA 190. Dornach [3]1980.

ders.: Geisteswissenschaftliche Erkenntnis als Grundimpulse sozialer Gestaltung. GA 199. Dornach [2]1985.

ders.: Perspektiven der Menschheitsentwicklung. GA 204. Dornach 1979.

ders.: Initiations-Erkenntnis. GA 227. Dornach [4]2000.

ders.: Anweisungen für eine esoterische Schulung. GA 245. Dornach [5]1979.

ders.: Idee und Praxis der Waldorfschule. GA 297. Dornach [2]1998.

ders.: Heilpädagogischer Kurs. GA 137. Dornach [8]1995.

Tappe, Nancy Ann: Understanding your Life through Colour. Starling Publishers, Carlsbad / USA 1982.

Wambach, Helen: Leben vor dem Leben. Heyne Verlag, München 1979.

Woitinas, Siegfried: Zwischen Licht und Finsternis. Verlag Urachhaus, Stuttgart 1998.

ders.: Der Mensch zwischen kosmischen und irdischen Energien. Verlag Urachhaus, Stuttgart 2000.

ders.: Von Leben zu Leben. Verlag Urachhaus, Stuttgart 1997.

ders.: Jenseits von Zeit und Raum. Stuttgart 1998.

Über den Autor

Siegfried Woitinas

Geboren 1930 in Breslau. Aus russischer Gefangenschaft Flucht in den Westen. Ausbildung als Hochfrequenztechniker. Studium der Anthroposophie, der Pädagogik, Literatur und Theaterwissenschaft. Ausbildung und Tätigkeit als Waldorflehrer. Nach weiterem Studium Regisseur und Schauspieler. Seit 1968 aktive Teilnahme an der Studentenbewegung, Mitbegründer des Jugend- und Kulturzentrums *Forum 3* in Stuttgart. Studium und Tätigkeit zur Organisationsentwicklung. Umfangreiche Seminar- und Vortragstätigkeit zur Vermittlung der anthroposophischen Geisteswissenschaft. Eigene Studien auf dem Gebiet der Nahtod-Forschung und anderer Grenzerfahrungen. Mitglied der IANDS (International Association for Neardead Studies) und der Freien Hochschule für Geisteswissenschaft, Dornach. Autor mehrerer Bücher zu geisteswissenschaftlichen aktuellen Themen.

Seine Autobiografie *Wunderbares Leben im Einklang mit der Zeit* erschien 2000 im Verlag Urachhaus.